투자를 배우다

— 가치의 몰락

투자를 배우다

—가치의 몰락

NEO KIM(네오김) 지음

율곡출판사

프롤로그

금융시장에서 오랜 기간 일하였다. 최근 사모펀드 사태 등을 보면서 이 책을 쓰지 않을 수 없었다. 금융업종에서 오랫동안 일하다 보니 누군가가 써놓은 책과 기사 등을 보면 한숨이 나올 때가 많다.

우리는 정보의 홍수 시대에 살지만 부족한 설명과 잘못된 정보로 인해 금융상품과 시장을 이해하는 데 도움을 받는 것이 아니라 오히려 왜곡을 당하고 있다는 생각이 든다. 특히나 정보가 부족한 개인투자자에게는 더더욱 그렇다. 그래서 몇 년 전부터 금융업 종사자나 개인투자자에게 금융시장에 대한 정확한 정보를 제공할 수 있는 책이 필요하다고 생각했다. 그러던 중 2019년 DLF 사태와 사모펀드 등 다양한 사건사고가 연이어 발생했는데, 이때 이 책의 출간을 결심하게 되었다.

저자는 신입사원 시절 몇 가지 보험상품에 가입했지만 구체적인 약관 내용이 어떠했는지 사실 정확히 기억이 나지 않는다. 솔직히 말하면 그 당시 가입할 때도 정확히 모르고 설계사분이 그냥 좋다고 하니까 암보험을 비롯한 몇 가지 보험에 가입했던 것 같다. 주위에 물어보아도 비슷한 경우를 어렵지 않게 보게 된다. 대다수의 사람들은 특정 금융상품이 문제가 되어 기사화되고 나서야 그 상품이 무엇인지 살펴본다. 혹시 내가 가입했었나? 하는 마음에서 말이다.

최근 금융상품에는 복잡한 파생상품들이 많이 섞여 있다. 아는 사람에게는 기회일 수 있으나 모르는 사람이 보면 그냥 숫자일 뿐이다. 모르면 손해를 보기 마련이다. 눈 감고 코 베이는 일이 금융시장에서는 흔이 있는 일이다.

예전에 책에서 본 글 중에 "사람은 아는 만큼 보이고, 보이는 만큼 느끼고, 느낀 만큼 행동한다"는 문구가 기억난다.

안다고 무조건 돈을 버는 것은 아니겠지만 아는 사람이 행동하는 것과 모르는 사람이 행동하는 것에는 분명히 차이가 있다. 금융상품을 선택하는 것에서도 동일하다. 끊임없이 공부해야만 하는 이유가 여기에 있다.

이 책의 2장에서는 이론적인 설명보다는 시장에서 문제된 상품들을 하나하나 살펴보면서 상품과 관련된 중요한 금융지식을 최대한 알기 쉽게 설명하고자 노력하였다. 물론 이론적 배경에 따라 쉽게 이해할 수 있는 부분이 있는가 하면 약간 어려운 내용도 있겠으나 커다란 맥락은 동일하다.

여기서 개인투자자분들에게 꼭 하고 싶은 말은 천천히 투자해도 된다는 것이다. 금융시장은 오늘도 내일도 열리기 때문이다. 또한 시장과 금융상품을 잘 이해한다면 투자할 상품은 많이 있다. 준비하고 조바심

내지 말고 장기적인 관점의 투자를 해야 한다.

금융시장은 개인투자자에게 기울어진 운동장이다. 사모펀드 사태는 그중 아주 작은 일부분일 뿐이다. 기관투자자는 개인이 쓰는 HTS홈 트레이딩 시스템를 사용하지 않는다. 기능과 속도가 월등한 전문가용 시스템을 사용한다. 전쟁터에서 소총으로 싸우는 개인과 스텔스 전투기로 싸우는 기관투자자가 있다고 보면 될 것이다. 2005년에 미국에 있는 트레이딩 회사를 방문한 적이 있는데, 그곳에서는 그 당시 이미 윈도우를 쓰지 않고 유닉스시스템으로 구현된 빠른 시스템을 쓰고 있었고, 승률은 95% 이상이라고 들었던 기억이 난다. 그만큼 외국인은 한 단계 더 우월한 시스템을 사용하고 있다.

최근 동학 개미운동을 펼치고 있는 많은 개인투자자분들이 이 책을 읽고 작은 도움과 힘이 되기를 바라는 바이다.

시간이 지나 금융시장에 또 다른 큰 변화가 있을 때쯤 새 책이 나오게 될 것이다. 아마 업계를 떠나 은퇴한 이후가 아닐까 생각한다. 그때는 이번 책에서는 담아내지 못한 더 많은 투자의 배움을 알려드릴 것을 약속한다.

Neo Kim

차례

CHAPTER 01

금 · 미 연준 · 달러

1. 금—변치 않는 가치에 대한 열망
2. 미 연준—미국 연방준비제도란 무엇인가?
3. 달러—금에서 달러로 가는 역사

[부록]

실패한 헤지펀드 이야기[롱텀캐피탈매니지먼트(LTCM)]
—노벨상과 펀드매니저의 '잘못된 만남'

이 장은 금金과 미 연준, 그리고 기축통화인 달러에 대한 이야기이다. 부록에서는 역사적으로 실패한 헤지펀드 사건에 대해서 간략히 정리하였다.

최근 금 가격이 급등하면서 개인들도 금 관련 투자상품에 관심이 매우 많아졌다. 이들 투자상품에 어떤 특징이 있는지 살펴보았다.

비록 금융의 전문가가 아니더라도 혹은 이미 알고 있는 분이더라도 이 장을 천천히 읽어 나간다면 미국이 글로벌 위기 때마다 시행하는 양적완화, 그리고 금본위제에서 달러 기축통화로 넘어가는 과정 등에 대해 이해하고 정리하는 시간이 될 것이다.

01

금—변치 않는 가치에 대한 열망

— 금값은 어디까지 상승할 것인가?

출처 : SBS-유튜브

최근 금융시장에서 가장 화두가 되는 이슈 중 하나는 금Gold이다. 2020년 7월 현재 금값은 사상 최고치까지 상승했다. 과연 얼마까지 오를 것인가? 왜 오르는가?

과거 중국에서는 상거래나 원거리 무역에서 은銀을 주로 사용했다. 우리가 금융거래를 하러 자주 가는 '은행銀行'이라는 단어의 어원은 바로 여기서 출발한다. 은銀이 다니는行 곳이라는 의미이다(行 "항"은 "점포" 의 의미도 있다). 은본위제가 보편화될 수도 있었으나 은보다 금이 귀한 데다가 역사적으로 식민지시대 여러 은광이 발견되며 은의 희소성이 떨어져 기축통화의 자리를 결국 금에 내어주게 되었다.

현재 금값은 사상 최고치를 기록하며 꾸준히 상승하고 있다. 이유는 여러 가지가 있는데, 그중 하나는 달러의 지위가 흔들린다는 것이다. 금융시장은 원인과 이유가 있으면 관련 상품의 가격이 서서히 움직이게 되어 있다. 미국에서 무제한 양적완화를 지속하는데도 향후 대처 방안에 대해 아무런 언급이 없어 언젠가 달러 가치가 급락할 수 있다는 두려움이 금에 대한 수요의 증가로 이어지고 있다. 물론 현재의 저금리 기조가 상당 기간 유지될 것이라는 예상과 글로벌 경제 불확실성으로 안전자산 수요가 늘어난 때문이기도 하다.

금에 투자하는 상품은 다양하다. 하지만 실물을 사는 사람은 많지 않다. 이유는 관련 세금도 높을 뿐더러 보관이나 운반 등이 번거롭기 때문이다. 시장에는 금 선물, 금 ETF, 금 펀드 등 금 관련 투자상품들이 많다.

너도나도 금에 투자하기 시작하면서 다양한 파생상품들로 돈이 흘러가고 있는데 만약 이런 상품이 없다고 가정해 보자. 아마도 내일 당장 금값은 더 빠르게 급등할 것이다. 금 ETF, 금 선물, 금 펀드 등에 투자하는 많은 돈들이 금 현물을 사기 위해 몰려들 것이다. 무제한 양적완화로 돈을 찍어도 그동안 인플레이션이 생각보다 약한 원인 중 하나는 아마도 이러한 다양한 파생상품들로 수요가 분산된 때문일 것이다.

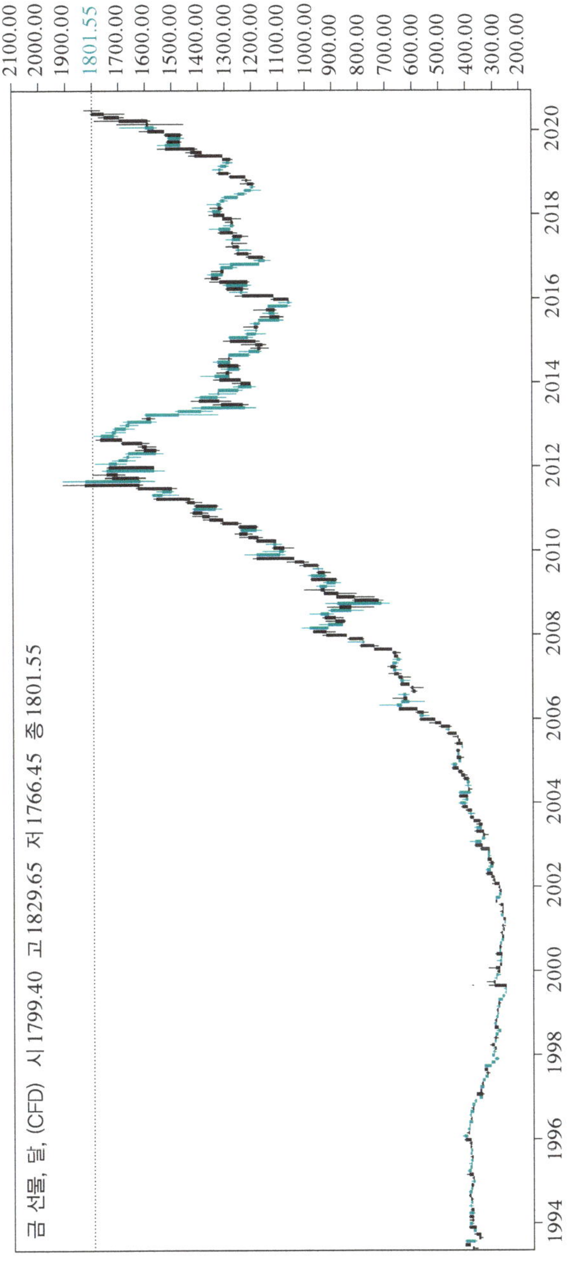

출처 : 구글

▲ 2020. 7. 11. 시카고 상품거래소 금 선물 차트

앞의 그림 시카고 상품선물거래소의 금 선물 차트를 보자. 역사적 고점 돌파가 얼마 남지 않았다. 2008년 금융위기 이후 두 번째로 미국이 무제한 양적완화를 시행하고 있는 만큼 금값이 사상 최고치를 크게 넘어서는 것은 시간문제일 것으로 보인다.

'골드 러시' 라는 말을 많이 들어보았을 것이다. 금이 나오는 곳이면 어디든 많은 사람들이 몰려가는 것을 말한다. 특히 1848년 미국 캘리포니아에서 금이 발견되면서부터 1970년대까지 금광 개발이 붐을 이루었다.

미국에서 가장 면적이 넓은 주州는 알래스카이다. 미국 면적의 약 1/5이나 되는데, 1867년 미국의 국무장관이었던 윌리엄 수어드William Henry Seward, 1801~1872가 러시아 정부로부터 720만 달러라는 헐값에 구입하였다. 당시 쓸모없는 땅을 샀다는 비판을 받기도 했지만 이후 금이 발견되면서 상황이 달라졌다. 알래스카에도 19세기 후반 골드 러시가 재현되었다. 알래스카의 금 생산량은 미국에서 1위를 기록할 정도였다고 한다. 이처럼 골드 러시는 얼음으로 뒤덮인 알래스카의 운명을 새롭게 탈바꿈시켰다.

그럼 이후 미국에서는 역사적으로 금을 어떻게 관리했을까? 다음 내용을 보면 조금 놀랍기까지 하다.

미국에서 금본위제가 무너지고 달러가 기축통화로 넘어오는 역사적 사건들이 있었다. 1933년 루스벨트 대통령이 개인의 금 소유를 금지하는 행정명령에 서명한 이후 '스미소니언 체제'(3절에서 자세히 설명하였다)가 끝난 1975년까지 미국인들은 약 42년 동안 금을 소유하지 못하였다. 긴 시간 동안 금을 소유하지 못했던 미국인들은 금 소유 금지가 해제된 후 동양인들이 금으로 치장하는 모습이 낯설었다고 한다. 오랜 기간 억눌렸던 금 소유욕이 세대를 지나면서 점차 증가한 것도 금값 상승의 하나의 이유일까?

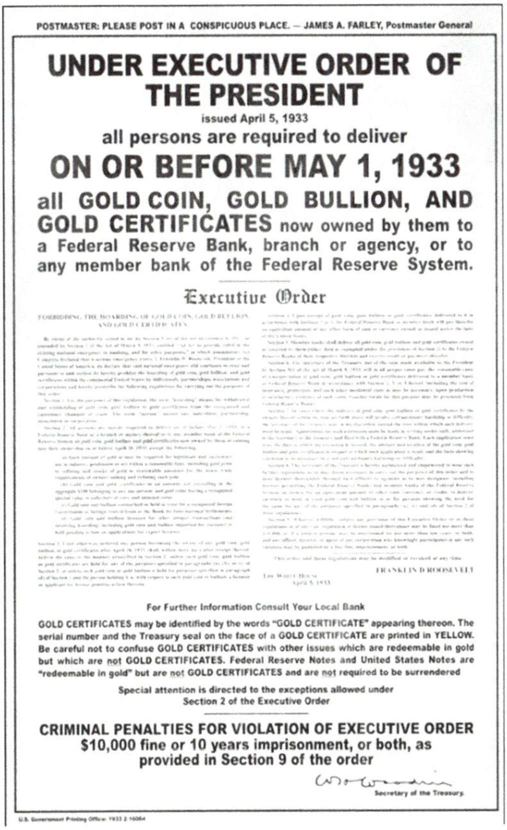

POSTMASTER: PLEASE POST IN A CONSPICUOUS PLACE. — JAMES A. FARLEY, Postmaster General

UNDER EXECUTIVE ORDER OF THE PRESIDENT

issued April 5, 1933

all persons are required to deliver

ON OR BEFORE MAY 1, 1933

all GOLD COIN, GOLD BULLION, AND GOLD CERTIFICATES now owned by them to a Federal Reserve Bank, branch or agency, or to any member bank of the Federal Reserve System.

Executive Order

FORBIDDING THE HOARDING OF GOLD COIN, GOLD BULLION AND GOLD CERTIFICATES

FRANKLIN D ROOSEVELT

THE WHITE HOUSE
April 5, 1933

For Further Information Consult Your Local Bank

GOLD CERTIFICATES may be identified by the words "GOLD CERTIFICATE" appearing thereon. The serial number and the Treasury seal on the face of a GOLD CERTIFICATE are printed in YELLOW. Be careful not to confuse GOLD CERTIFICATES with other issues which are redeemable in gold but which are not GOLD CERTIFICATES. Federal Reserve Notes and United States Notes are "redeemable in gold" but are not GOLD CERTIFICATES and are not required to be surrendered

Special attention is directed to the exceptions allowed under Section 2 of the Executive Order

CRIMINAL PENALTIES FOR VIOLATION OF EXECUTIVE ORDER
$10,000 fine or 10 years imprisonment, or both, as provided in Section 9 of the order

Secretary of the Treasury.

U.S. Government Printing Office: 1933 2-16064

출처 : 위키피디아, 구글

▲ 1933년 4월 5일 루스벨트 행정명령 6102호

1933년 4월 5일 루스벨트 대통령은 '행정명령 6102호Executive Order 6102'를 발동한다(앞면 그림 참조). 이것의 내용은 개인이 금화gold coin, 금괴gold bullion, 금증서gold certificate를 소지하지 못하게 하는 것이었다. 이를 어길 경우 만 달러의 벌금이나 최고 10년의 징역형을 내리겠다고 선포했다. 이러한 금 강제환수 조치에 따라 연준은 금을 축척하기 위해 통화량을 늘린다. 이후 통화량이 늘어나게 되면서 달러 가치는 절하되고 금값은 상승한다.

추가적으로 루스벨트는 1934년 1월 30일 '정화준비법Gold reserve Act'을 발령한다. 이 법안으로 미국은 금본위제를 폐지하고 달러와 금의 교환비율을 1온스당 35달러로 정하였으며, 달러 가치를 70% 가까이 절하했다. 달러의 금태환이 폐지되면서 금이 미국으로 흘러들었고, 연준은 자연스럽게 자신감을 갖고 통화를 발행하여 경제 회복의 기초를 마련하였으며, 미국은 대공황에서 벗어나게 되었다. 금본위제에서 달러 기축통화로 가는 금태환 전후 상황에 대한 내용은 3절에서 자세히 설명하였다.

그럼 과거 루스벨트 대통령의 금 소유 금지 이후 90년 가까이 지난 지금 미국 정부의 금을 바라보는 시각에는 어떤 변화가 있을까?

2016년 미국 대선 당시 공화당 정강에 금본위제 검토에 대한 내용이 포함되었다. 구글에서 "Democrats vs Republicans"으로 검색되는 책자의 140페이지를 살펴보면 다음의 내용이 나온다. 박스로 표시

한 부분의 내용을 보자.

The Federal Reserve

Because the Federal Reserve's monetary policy decisions affect job creation, upward mobility for workers, and equitable prosperity, they should be transparent. Similarly, the Federal Reserve's important role as a lender of last resort should also be carried out in a more transparent manner. The Republican Party will advance legislation that brings transparency and accountability to the Federal Reserve, the Federal Open Market Committee, and the Federal Reserve's dealing with foreign banks.

The first step is through an annual audit of the Federal Reserve's activities. Such an audit would need to be carefully implemented so that the Federal Reserve remains insulated from political pressures and its decisions are based on sound economic principles and sound money rather than political pressures for easy money and loose credit.

Determined to crush the double-digit inflation that was part of the Carter Administration's economic legacy, President Reagan, shortly after his inauguration, established a commission to consider the feasibility of a metallic basis for U.S. currency. In 2012, facing the task of cleaning up the wreckage of the current Administration's policies, we proposed a similar commission to investigate ways to set a fixed value for the dollar.

With Republican leadership, the House of Representatives has passed legislation to set up just such a commission. We recommend its enactment by the full Congress and the commission's careful consideration of ways to secure the integrity of our currency.

Workplace Freedom for a 21st Century Workforce

The greatest asset of the American economy is the hard-working American. That is why our first priority is getting people back to work by fostering the kind of growth that creates jobs. That overarching goal unites all the sections of this platform. It runs through our commitments on education and workforce development. It underlies our approach to welfare reform,

140

출처 : *Democrats vs Republicans*, 구글

▲ **2016년 미국 대선 당시 공화당 정강에 금본위제 검토에 대한 내용**

이해를 돕기 위해 간략히 번역해 보면 다음과 같다.

"카터 행정부의 경제적 유산의 일부인 두 자릿수 인플레이션을 타파하기로 결정한 레이건 대통령은 취임 직후 **미국 통화에 대한 금속 기반의 타당성**을 고려하는 위원회를 설립하였다. 2012년에 현행 정부 정책의 잔해를 정리하는 과제에 직면하여, 우리는 **달러에 대한 고정 가치를 설정하는 방법**을 조사하는 위원회를 제안하였다"

위의 내용을 쉽게 이해하려면 미국 대통령과 역사에 대해 조금 살펴봐야 한다.

우선 미국 대통령을 역사적 순서대로 살펴보자.

지미 카터(1977~1981년), 로널드 레이건(1981~1989년), 조지 부시(1989~1993년), 빌 클린턴(1993~2001년), 조지 부시 2세(2001~2009년), 버락 오바마(2009~2017년), 도널드 트럼프(2017~현재)

카터 대통령(1977~1981년) 당시 미국은 이란과 갈등 상태였다. 외교적 굴욕 사건으로 기록된 일이 있었는데, 당시 이란 대학생들이 주 테헤란 미 대사관을 습격해 인질 52명을 억류했다. 미국은 다음해 이란과 단교하고 경제제재를 단행했다. 또한 1978년 미국에서는 2차 오일쇼크가 발생하여 1981년까지 유가가 급등하였다. 인플레이션은 13%를 넘어섰다. "double-digit inflation두 자릿수 인플레이션"은 이를 뜻하는 것이다. 인플레이션 파이터로 유명한 폴 볼커 연준 의장이 금리 인상을 통해 시장에 대응했던 시기가 바로 이때다(2절 연준 편에서 자세히 설명하였다). 이로 인해 카터는 1980년 대선에서 레이건에 패배한다.

이후 레이건 대통령이 미국 통화에 대한 금속 기반의 타당성을 고려하는 위원회를 설립하였다고 나오는데, 여기서 "metallic basis금속 기반"는 다름 아닌 "금Gold"을 의미한다고 볼 수 있다.

마지막으로 "달러에 대한 고정 가치를 설정하는 방법"을 조사하는 위원회를 제안하였다는 내용은 달러를 금에 고정하는 금본위제에 대한 검토를 의미한다고 추측해 볼 수 있다.

물론 과거 형태의 금본위제로 완전히 회귀하는 것은 가능성이 거의 없다고 볼 수 있다. 이미 너무 많은 양의 달러가 발행됐기 때문에 금으로 온전히 대체가 불가능하기 때문이다.

과거 금본위제 당시와는 현재 상황이 현저히 다르기 때문에 변형된 형태의 달러-금본위제가 고려될 수 있을 것이다. 미국 공화당 정강 정책에 금본위제 회귀에 대한 검토 내용이 간략히 포함되었다는 것만으로도 의미하는 바가 있다고 볼 수 있다.

미국은 현재 인프라 정책 등으로 인해 막대한 재정을 투입해야 하는 상황이다. 더구나 코로나19로 인해 제로금리 및 무제한 양적완화까지 시행하는 중이다. 이러한 상황에서 장기적으로 달러의 약세를 방어

해야만 한다. 지금과 같은 변동환율제에서는 글로벌 환율 변동으로 달러가치가 하락하는 것을 막을 수 없다. 따라서 앞의 공화당 정강정책은 달러 강세 기조를 유지하기 위해 금값과 일부 연동되는 달러 가치를 만들어내고자 하는 고민이 담겨 있다고 할 수 있다.

다음으로는 최근 많은 이들이 궁금해 하는 투자 관점에서의 금에 대해 살펴보자.

사상 최고치까지 오른 금값은 앞으로 어떻게 될까? 혹자는 현재 금값이 너무 올라 비싸졌으니 이제 하락할 것이라고 말하기도 한다. 하지만 저자는 여러 가지 이유로 그렇게 생각하지 않는다. 금은 무한정 만들어지는 것이 아니다. 주식시장 같은 금융시장이 붕괴되더라도 금값은 하루아침에 휴지조각이 되거나 부도가 나지 않는다. 증시가 멈추더라도 ETF 같은 가상의 파생금융상품에 잠겨 있던 금을 추종하는 자금들이 금 현물로 이동하기 때문이다. 금은 다음과 같은 이유들로 인해 추가 상승할 가능성이 높다고 보는 시각이 많다.

첫째, 금에 우호적인 투자환경이다.

우선 금리가 당분간 제로금리이다. 코로나19라는 변수와 맞물려 글로벌 통화완화 정책이 이어지고 있고 기준금리는 제로까지 내려온 상황이다. 상당 기간 금리 인상은 단행하기 어려울 것으로 예상되는 상황에서 시중의 넘치는 유동성은 안전자산 금을 선호하게 될 수 있다. 시장에서는 금리라는 변동성 요인이 장기간 해소된 상황인 것이다. 반면 위험자산의 변동성은 커졌다. 변동성에 관해서는 3장에서 자세히 설명하는데, 코로나19 사태 이후 시장의 변동성(여기서는 시장 등락폭 정도로만 이해하고 3장에서 자세히 살펴보자)은 상당히 높아졌다. 즉, 위험자산에 투자해서 수익을 얻을 수도 있으나 크게 손실을 당하기도 쉽다. 리스크 대비 기대수익 수요가 비교적 안전한 금으로 쏠리는 이유이다.

둘째, 높은 리스크 헤지 기능이다.

2000년 IT 버블, 2008년 금융위기, 그리고 2020년 코로나19로 인한 실물경제 충격이 있는 동안 금값은 어떠했는가? 결과는 모든 충격에도 불구하고 꾸준히 상승해 왔다는 것이다. 현재 사상 최고치까지 말이다. 주식시장이 붕괴되더라도 금값은 낮은 상관계수 상품으로 위기 때마다 가치를 인정받았다. 2008년 금융위기와 2020년 3월 코로나로 인한 실물경제 충격 시에는 다소 하락하는 모습을 보이기도 했으나 이것도 잠시 곧바로 상승하며 사상 최고치를 넘어서고 있다. 금이 주식과 같은 위험자산 투자 시 별도의 분산투자 자산으로 필요한 이유가 이 때문이다.

셋째, 인플레이션 헤지 기능이다.

전 세계적인 양적완화가 지속되는 동안 실물자산의 가격은 급격히 상승하였다. 주식시장이 침체일로를 보이던 시기에도 아파트를 비롯한 모든 자산가격은 지속 상승하였는데, 이를 헤지할 수 있는 자산은 금과 같이 한정된 가치를 인정받을 수 있는 상품이다. 따라서 투자포트폴리오에 금을 편입한다면 금융시장이 하락하거나 침체기일 때에도 일부 자산가치 하락을 방어하는 효과를 얻을 수 있을 것이다.

양적완화는 분명 인위적인 인플레이션이다. 여러분이 32평 집을 사려고 열심히 일해서 3억 원을 예금해 놓았는데 돈 가치가 떨어져 동일한 3억 원으로는 24평밖에 못 사게 되었다고 하자. 당신은 앉아서 8평(32평 – 24평)을 손해 본 것이나 마찬가지이다. 대부분의 사람들이 모르는 사이 이런 일이 계속 반복되고 있다. 본인의 자산 중 일부는 인플레이션을 헤지할 수 있는 기능을 갖고 있어야 하는 이유이다.

그럼 다음으로는 모두가 관심 있는 금에 투자하는 방법에 대해서 살펴보자.

금 현물, 금 선물, 금 ETF/ETN, 금 펀드 등 다양한 방법이 있을 수 있다. 앞서 말했듯이 금 현물을 직접 사고팔아 투자하는 것은 세금 등 여러 불편한 점이 많다. 혹자는 그래도 실물에 투자해서 직접 갖고 있어야 정말 큰 유사시 가치가 있다고 말하는데, 사실 그런 상황이 된다면 당신의 손에서 금 현물이 가치를 발휘하기 전에 모든 자산이 소용이 없을 수도 있다. 우리는 현실적인 방법으로 투자하면 된다.

먼저 한국거래소의 금 현물 투자 방법이 있는데, 2020년 7월 18일 현재 한국거래소 금 현물 99.99K의 가격은 70,020원이다. 현물이지만 증권사 계좌로 주식처럼 사고팔 수 있고, 필요하면 실물로도 출고가 가능하다. 그러나 실물 출고하는 사람은 거의 없고 투자의 개념으로 주식처럼 사고파는 경우가 대부분이다.

거래소에 상장된 금 관련 상품을 표로 정리하면 대략 다음과 같다.

금 관련 상품의 거래소 상장 종목(2020년 7월 19일 기준)

구분	종류
금 현물	한국거래소 KRX 금 현물 99.99K, 미니 금 100g
금 ETF	K* 골드 선물, T* 골드 선물, T* 금은 선물
금 ETN	신* 금 선물 ETN, 삼* KRX 금 현물 ETN
금 펀드	M* 골드 펀드 등 몇 가지 골드 펀드가 있다.

이 상품들은 시간이 지나면 대부분 추가 상장되는데, ETN 상품은 만기가 있기 때문에 상장폐지된다. 따라서 투자할 때는 항상 상품을 최신 것들로 확인해야만 한다.

우선 가격과 역방향으로 움직이는 리버스 상품과 펀드는 제외했다. 금 투자는 상승에 투자하는 게 유리하다. 잠시 하락하는 걸 기대하고 역방향으로 투자할 필요는 없다. 또한 금 펀드는 이미 금 선물이나 금 ETF로 대부분 채워져 있다. 금에 투자한다는 점에서는 동일하므로 한 번 더 거쳐서 투자할 필요가 없다. 펀드 보수만 더 나갈 뿐이다.

그럼 금 현물, 금 ETF, 금 ETN, 금 펀드 어디에 투자해야 할까? 다음 표의 내용을 잘 읽어보기 바란다.

금 관련 상품별 기간수익률(2018년 5월 31일 ~ 2020년 5월 29일)

기간	금 99.99K		미니 금 100g		K* 골드 선물 ETF		신* 금 선물 ETN		M* 금 펀드	
	가격	수익률	가격	수익률	가격	수익률	가격	수익률	기준가	수익률
2018. 5.31	45,340		45,540		9,645		10,645		748.62	
2018.12.28	45,970	1.39%	46,550	2.22%	9,350	-3.06%	10,370	-2.58%	719.93	-3.83%
2019. 5.31	49,530	9.24%	49,870	9.51%	9,350	-3.06%	10,410	-2.21%	721.65	-3.60%
2019.12.30	56,540	24.70%	56,650	24.40%	10,810	12.08%	12,115	13.81%	839.95	12.20%
2020. 5.29	68,790	51.72%	68,900	51.30%	12,140	25.87%	13,650	28.23%	950.80	27.01%

한국거래소에서 거래되는 대표적인 금 관련 투자상품의 기간별 수익률을 일일이 직접 확인해 보았다. 2018년부터 6개월 단위로 수익률의 흐름을 계산해 보았는데, 그 결과 금 현물(99.99K, 미니 금 100g)의 2년 수익률이 월등히 높았다. 금 현물의 상승률은 약 51%인 반면 나머지 ETF나 ETN, 금 펀드의 수익률은 30%에도 미치지 못했다. 하나씩 이유를 살펴보자.

첫째, 금 ETF와 금 ETN 중 왜 ETN 수익률이 높을까?

ETF는 펀드와 마찬가지이다. 금 선물은 선물 만기마다 사고팔아야 하지만 ETN은 실제로 금 선물을 사고팔지 않는다. 금 선물을 추종하는 상품은 만기마다 롤오버 비용이 발생한다. 하지만 ETN은 채권이다. 금 선물의 상승이나 하락분만큼 가격이 반영되어 형성될 뿐이다. 실제로 선물을 사고팔지는 않는다. ETN에 대한 상세한 설명은 2장의 8절 '2020년 WTI 원유-ETF/ETN' 설명 부분에 아주 자세히 설명하였다. 투자기간이 길어질수록 ETF의 투자수익률은 ETN보다 낮아질 확률이 높다.

둘째, 금 펀드 또한 ETN의 수익률에 미치지 못하였다.

금 펀드는 금 선물이나 금 ETF로 구성된다. 당연히 금 선물 롤오버 비용과 금 ETF 안에서 선물을 롤오버하는 비용 모두 펀드 기준가에 반영된다. 미미하지만 비용 역시 발생한다. 더군다나 기본적으로 금 펀드는 성장형 주식 펀드가 아니다. 그저 금 현물 가격의 흐름을 추종하는 금 선물과 금 ETF를 담고 있을 뿐이다. 펀드가 장기적으로 금 현물 가격보다 훨씬 나은 수익을 기록할 가능성은 매우 낮다.

셋째, 금 현물 수익률이 가장 월등한 이유는 뭘까?

현물이 기초지수이기 때문이다. 선물은 기본적으로 만기가 찾아온다. 다음 차근월물 선물의 높낮이에 따라 선물 교체 비용, 흔히 말하는 롤오버 비용이 발생한다. 거기다가 운용 리스크(트레킹 에러)도 있다. 쉽게 말하면 가장 유리한 가격으로 매번 선물을 갈아타기(교체, 롤오버)가 불가능하다.

많은 사람들이 알고 있는 한국거래소 코스피 선물은 약간 차이가 있다. 코스피 선물은 현물과의 차익거래가 잘 갖춰져 있어 조금만 가격

차이가 벌어져도 금새 좁혀진다. 사실 시장에서는 거래세를 커버하기도 쉽지 않아 연말 배당차익 거래 정도만 의미가 있을 정도이다. 금 현물, 금 선물 차익거래는 더더욱 불가능하다. 차익거래를 위해서 금 현물을 사고파는 비용을 커버하기 힘들기 때문이다. 따라서 금 선물과 금 현물의 가격차이는 항상 발생한다(금 선물이 조금 비싸다고 보면 된다). 따라서 금 현물에 투자하는 것이 가장 현명한 방법일 수 있다.

이와 같이 금이라는 동일한 상품에 투자하지만 관련 파생상품들을 잘 이해하지 못한다면 원하는 투자 수익을 달성하기 어렵다. 위에서는 단순 기간 수익률을 가지고 비교했지만 현물, 선물, ETF, ETN, 펀드 등의 개별 투자상품별로 특징과 리스크를 잘 점검하고 투자하기를 바란다.

[주의]

본 절에서 금 관련 투자를 권유하거나 특정 금융상품이 수익을 보장한다고 말하는 것은 절대 아니라는 것을 밝혀둔다. 투자는 본인의 판단에 따라 본인 책임 하에 하는 것이다. 여기의 내용은 저자의 개인적 지식과 경험에 바탕을 둔 정리일 뿐이라는 것을 밝혀둔다. 차익실현이나 기타 여러 이유로 금값이 하락하는 경우는 얼마든지 생겨날 수 있다. 투자는 본인의 판단과 책임에 따라 하는 것이다.

02

미 연준—미국 연방준비제도란 무엇인가?

— 미국 연방준비제도에 대해서 알아보자.

출처 : 구글

▲ **미국 연방준비제도**(왼쪽) **및 연방준비제도 깃발**(오른쪽)

- **Fed** Federal Reserve System : 미국 연방준비제도
- **FRB** Federal Reserve Board of Governors : 미국 연방준비제도이사회
- **FOMC** Federal Open Market Committee : 미국 연방공개시장위원회

이 절에서는 Fed와 관련된 금융시장을 이해하는 데 필요한 내용들을 중심으로 이야기하고자 한다. 기타 다른 서적에서 언급되는 어떤 음모론이나 상상력을 필요로 하는 부분은 독자들의 판단에 맡길 뿐이다. 하지만 글로벌 기축통화인 달러의 발행주체인 연준을 알지 못하고 금

융시장을 이해한다는 것은 있을 수 없는 일이다. 저자는 금융업 경험을 바탕으로 시장을 보는 데 필요한 지식만을 전달하고자 할 뿐이다.

금융업에 종사하는 사람들은 매일 아침마다 전일의 미국 시장 등락을 확인하는데, 그 다음으로 중요하게 여기는 것이 미국의 기준금리가 결정되는 FOMC 회의 일자를 확인하는 것이다. 2020년 2월 현재 코로나19 바이러스로 글로벌 증시가 마지막 주 사상 최악의 하락을 보였는데, 역시나 다를까 연준의 전격적인 금리 인하가 시장의 추가 하락을 멈추게 하였다. 그만큼 미 연준이 금융시장에 막강한 영향력을 행사하고 있으므로 잘 알아둘 필요가 있다.

Fed는 미 연방준비제도로서 우리나라 한국은행 정도로 볼 수 있다. 미국은 연방정부 형태로 각 주에 중앙은행이 있고 이를 대표하는 Fed미 연방준비제도가 있다. FRB는 Fed의 이사회를 뜻하는 것이고, FOMC는 기준금리를 결정하는 회의이다.

앨런 그런스펀은 1987년부터 2006년까지 18년 6개월간 연준 의장 자리에 있었다. 미국 대통령이 연임한다고 해도 8년이다. 연준 의장의 역할과 책임, 그리고 권한이 막강하다고 볼 수 있다.

출처 : 연합뉴스

▲ **앨런 그린스펀**(왼쪽)**과 클린턴 대통령**(오른쪽)

Fed가 정부기관이 아니고 민간 주도로 만들어졌음은 잘 알려진 사실이다. Fed에서는 FOMC 회의를 통해 통화정책 방향과 기준금리를 결정한다. FOMC는 Fed 이사회 7명과 지역 연방준비은행 총재 12명으로 구성되며, 기준금리 결정에 참여하는 투표권은 총 12명에게 부여된다. 이사회 7명과 뉴욕 Fed 총재는 기본적으로 투표권을 가지며, 나머지 11개 지역 연준 총재 중 4명이 순번제로 투표권을 갖는다.

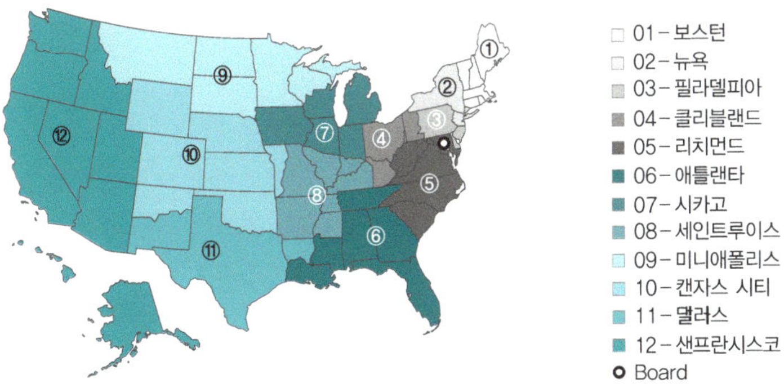

출처 : Fed 홈페이지

주 : 연방준비제도는 공식적으로 연방준비은행의 도시와 고유번호로 지역을 구분한다.

▲ **12개 연방준비은행**

블랙아웃Black Out이라는 제도가 있다. 이는 FOMC 구성원들이 회의가 열리기 약 10일 전부터는 통화정책과 관련한 발언을 하지 않는 것이다. 연준 위원들의 말 한마디가 금융시장에 큰 영향을 주기 때문이다.

FOMC를 마치게 되면 성명서를 발표하고, 각 분기에는 기자회견을 한다. 기자회견에서 연준 의장의 발언은 문구 하나하나가 중요하다. 지난달에 비해 연준 의장 발언이 강한지 약한지에 따라 매파인지 비둘기파인지 구분이 되기 때문이다. 보통 매파적이라는 것은 통화 긴축을 의미하고 비둘기파는 통화 완화를 의미한다.

2020 | 2019 | 2018 | 2017 | 2016 | 2015

2020 FOMC Meetings

Month	Date	Statement	Press Conference	Minutes
January	28-29	**Statement:** PDF | HTML Implementation Note	Press Conference	**Minutes:** PDF | HTML (Released February 19, 2020)
March	17-18*			
April	28-29			
June	9-10*			
July	28-29			
September	15-16*			
November	4-5			
December	15-16*			

* Meeting associated with a Summary of Economic Projections.

출처 : Fed 홈페이지

▲ **2020년 FOMC 회의 일정**

FOMC 회의에서는 금융시장 전망을 예측할 수 있는 몇 가지 지표를 발표하는데 누구든지 Fed 홈페이지에서 쉽게 확인할 수 있다.

미국 **연방준비제도이사회** www.federalreserve.gov

연준은 회의 결과로 다음과 같이 실질 GDP, 실업률, PCE 물가지표와 미래 기준금리 흐름을 예측할 수 있는 점도표dot-plot를 발표한다.

2019~2022년 경제지표 전망의 중간 범위와 장기적 전망(2019년 12월 11일 발표)

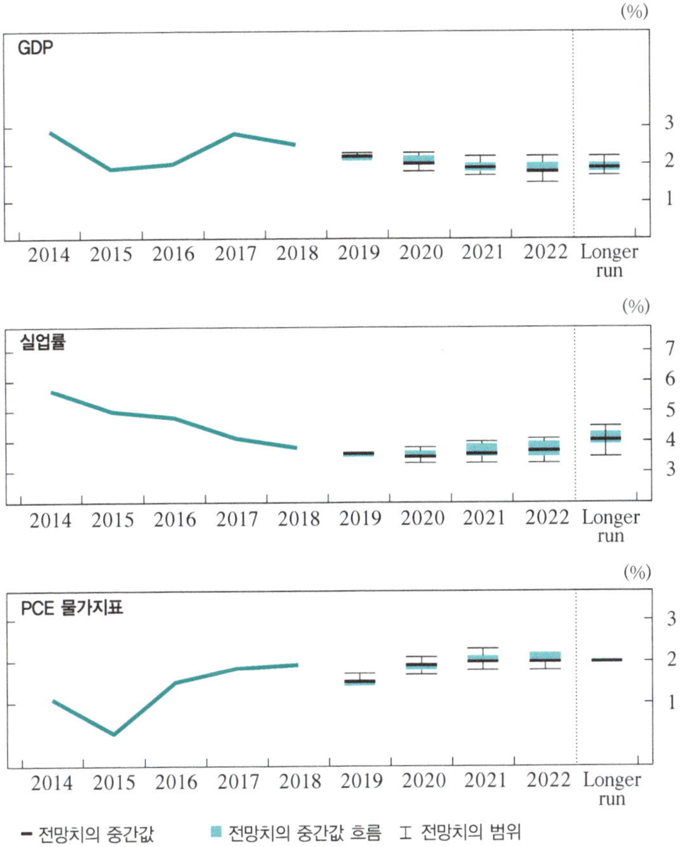

출처 : Fed 홈페이지

참고 : 변수의 실제 데이터는 연간 값이다.

▲ **FOMC 회의 결과**—경제 전망치 차트

현재 시점에서 최근의 자료를 참고했는데, 2019년 12월에 발표한 자료이다. GDP는 2%대를 유지할 것으로 보이고, 실업률Unemployment rate은 3% 중반에서 2022년 4%까지 소폭 증가할 걸로 예상된다. 세 번째 PCE 물가지표는 서서히 2%에 근접해 갈 것으로 표기되어 있다.

다음으로 중요한 점도표를 보자. 점도표는 FOMC 위원들의 향후 기준금리 변화 전망을 담은 도표이다. 점 하나하나가 위원들의 전망치로 보면 된다.

적절한 통화정책에 대한 FOMC 참가자들의 평가—연방기금금리 목표수준의 목표범위 중간점(2019년 12월 11일 발표)

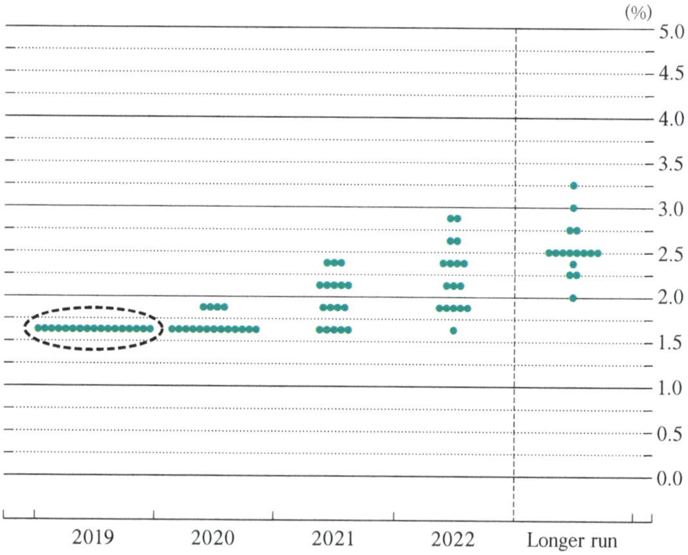

출처 : Fed 홈페이지

▲ **FOMC 회의 결과**—점도표(Dot-plot)

점도표의 점들이 매년 17개씩 찍혀 있다. FOMC 위원은 Fed 이사회 7명과 지역 연방준비은행 총재 12명을 합해 총 19명이다. 이 중 기준금리 결정 투표권이 있는 위원은 12명이고 나머지 7명은 투표권이 없다. 위의 점도표는 금리전망 값이다. 따라서 연준 위원 19명 중 17명(투표권 있는 사람 12명과 없는 사람 5명)의 전망치일 뿐이다. 기준금리 자체를 실제로 결정하는 것은 12명의 투표권 있는 사람들이다.

2019년 12월 FOMC 회의에서는 그림에서 보는 것처럼 17명의 연준 위원들이 1.5~1.75%를 예상한 것을 볼 수 있다. 당시 트럼프 대통령이 금리 인하를 압박하는 듯한 언급을 지속했는데 연준 위원 17명은 일치단결(한 명이라도 다른 의견을 내는 것을 '소수의견'이라고 한다)해서 만장일치로 예상한 것이다.

FOMC는 전통적으로 구성원들의 의견과 지지를 중요하게 여긴다. 위원들이 서로 다른 의견을 내면 정책효과가 떨어지기 때문이다. 따라서 기준금리가 만장일치로 결정되었을 때 가장 강력한 스탠스와 정책효과를 발휘할 수 있다고 시장이 받아들인다. 2022년을 보면 가장 많은 5명의 위원들이 1.75~2.0%를 예상한 것을 볼 수 있다. 향후 기준금리를 25bp 정도 인상할 수도 있다는 것을 짐작해 볼 수 있다.

이처럼 점도표를 보고 연준이 향후 기준금리를 어떻게 운용할 것인지 예측할 수 있다. 물론 시장 상황이 변화하게 되면 다음 번 FOMC에서 점도표의 점들이 위(금리 인상) 혹은 아래(금리 인하)로 변화하게 된다. 연준의 향후 스탠스 변화를 점으로 확인하는 것이다.

한 가지 더 정리해야 할 것이 있는데 기준금리 밴드이다. 미국은 기준금리가 한국처럼 1.25%로 단일 숫자가 아니고 1.5~1.75%처럼 구간으로 되어 있다. 미국도 2008년 금융위기 이전에는 구간으로 발표하지 않았다. 좀 더 세밀하게 시장금리를 조절하겠다는 의지가 있는 것으로 생각하면 된다.

미국의 기준금리는 연방기금금리Federal fund rate ; FFR라고 한다. 우리나라의 콜금리와 같이 미국 은행들 간의 자금 거래에 사용되는 대표적 단기금리라고 생각하면 된다. 연준은 기준금리 조정, 즉 통화정책을 바탕으로 경제활동에 막강한 영향력을 행사한다. 금융위기 이전에는 지급준비금 규모를 컨트롤 하는 방식의 '커리도어 시스템corridor system ; channel system'을 사용했고, 금융위기 이후 2008년 10월부터는 '플로어 시스템Floor system'으로 변경하였다.

■ 커리도어 시스템Corridor System

—2008년 금융위기 이전(예 1.50%)

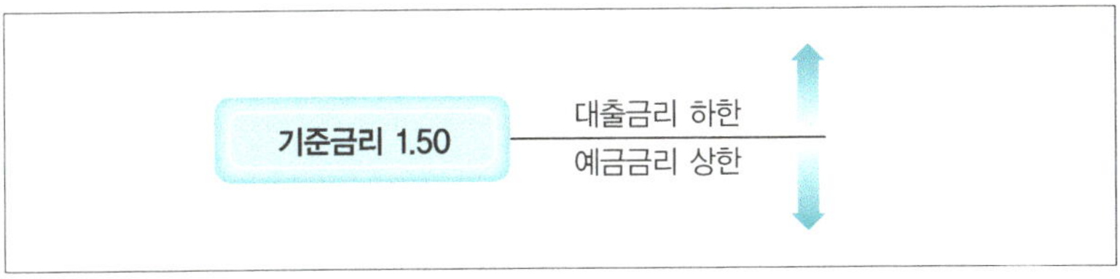

커리도어 시스템은 Fed가 채권매매를 통해 직접 시장금리를 조절하는 방식이다. 즉, 지급준비금의 공급량을 조절해 시장금리를 유도하는 방식이다. 기준금리는 예금금리의 상한이 되는 동시에 대출금리의 하한이 된다. 2008년 금융위기 이전에는 연준의 대차대조표가 1조 달러 수준이었기 때문에 직접 시장금리에 개입이 가능한 수준이었다. 커리도어 시스템은 예대금리 스프레드를 조정하는 것으로 단기금리를 조절할 수 있고 지준 수요 예측이 어렵더라도 효율적으로 시장금리를 관리할 수 있다. 유럽 ECB, 캐나다, 호주 등이 사용하고 있는 시스템이다.

하지만 금융위기 이후에는 양적완화를 통한 통화스왑 및 신용프로그램 등의 실시로 대차대조표가 1조 4천억 달러 수준까지 증가하게 되면서 시장금리 조절에 한계를 갖게 되었다.

▪ 플로어 시스템Floor System

—2008년 금융위기 이후(예 1.50 ~ 1.75%)

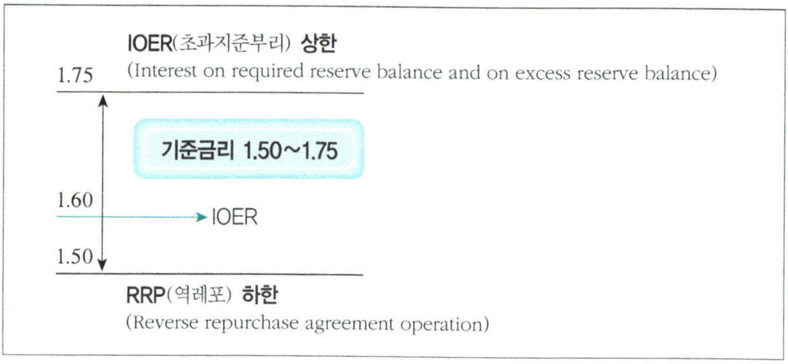

금융위기 이후 연준은 시장에 직접 지급하는 두 가지 금리를 조정하여 시장금리를 구간(밴드) 안으로 견인하는 플로어 시스템Floor system으로 변경하였다. 여기서 예로 든 기준금리 상단(1.75%)은 초과지준부리IOER 상한이고 하단(1.50%)은 역레포RRP의 하한이다. 이때 당시 IOER은 1.60%였다.

연방은행들이 지급준비금을 초과하는 자금을 연준에 예치하게 되면 이자를 받게 되는데 이때 발생하는 이자가 초과지준부리IOER이다. 지급준비금을 초과하는 금액에 대한 이자라는 의미이다. 역레포RRP는 연준이 시장 유동성 부족을 해결하기 위해 채권을 매입해 자금을 공급하는 방식인데, 연준이 사는 채권을 판매한 금융사가 일정 기간 후 다시 재매입하는 조건이다. 채권을 판매한 금융사 입장에서는 레포Repo

가 되고, 반대로 매입하는 연준 입장에서는 역레포가 되는 것이다.

연방은행 입장에서는 지준을 보유하고 있는 것보다 중앙은행인 연준에 예치하는 것이 유리한 것으로 연준이 금리조절 능력을 확실하게 확보 가능하고 지준정책을 효과적으로 발휘할 수 있다는 것이 장점이다.

기준금리가 1.50~1.75 당시 IOER은 1.6%였다. 이것이 의미하는 것은 지역 연방은행들이 1.50의 레포 금리로 대출을 받아서 연준의 초과지급준비금에 예치하게 되면 1.60%의 이자가 발생한다는 것이다. 0.1%의 수익이 남게 되는 구조이다. 즉, 연준은 금리 변동에 따른 지역은행들의 수익 감소를 보존해 준다.

금융위기 당시 연준은 기준금리를 0%제로금리까지 인하했다. 이때 IOER은 0.25%였다. 즉, 금융위기 당시 연준에서 제로금리로 대규모 대출을 받은 연방은행들은 다시 연준에 초과지급준비금으로 그대로 예치하였고 0.25% 이자를 지급받으며 안정적인 수익을 얻었다. 전 세계가 금융위기였는데 말이다.

연준은 현재 이와 같이 시장금리를 상하 밴드 구간 안에서 효율적으로 통제하겠다는 의도로 플로어 시스템을 사용하고 있다.

연준은 2020년 3월 3일 기준금리를 전격적으로 50bp 인하했다. 코로나19의 영향으로 글로벌 증시가 폭락하자 빠르게 대응한 것이다. 연준 사이트에서 IOER을 확인하였다. 전일까지 1.6(기준금리 1.5~

1.75)이었던 것이 금일 금리 인하 후 1.10(기준금리 1.0~1.25)으로 변경되어 있는 것을 확인할 수 있다. 그럼 이제 연방은행들은 연준에서 1.0%에 돈을 빌려서 1.1%의 이자를 받고 다시 연준에 지급준비금이

Stay Connected · Recent Postings · Calendar · Publications · Site Map · A-Z index · Careers · FAQs · Videos · Contact Search

About the Fed | News & Events | Monetary Policy | Supervision & Regulation | Payment Systems | Economic Research

Home > Monetary Policy > Policy Tools

Policy Tools

Interest on Required Reserve Balances and Excess Balances

The Federal Reserve Banks pay interest on required reserve balances and on excess reserve balances. The Board of Governors has prescribed rules governing the payment of interest by Federal Reserve Banks in Regulation D (Reserve Requirements of Depository Institutions, 12 CFR Part 204).

The Financial Services Regulatory Relief Act of 2006 authorized the Federal Reserve Banks to pay interest on balances held by or on behalf of depository institutions at Reserve Banks, subject to regulations of the Board of Governors, effective October 1, 2011. The effective date of this authority was advanced to October 1, 2008, by the Emergency Economic Stabilization Act of 2008.

The interest rate on required reserves (IORR rate) is determined by the Board and is intended to eliminate effectively the implicit tax that reserve requirements used to impose on depository institutions. The interest rate on excess reserves (IOER rate) is also determined by the Board and gives the Federal Reserve an additional tool for the conduct of monetary policy. According to the Policy Normalization Principles and Plans adopted by the Federal Open Market Committee (FOMC), during monetary policy normalization, the Federal Reserve intends to move the federal funds rate into the target range set by the FOMC primarily by adjusting the IOER rate. For the current setting of the IOER rate, see the most recent implementation note issued by the FOMC. This note provides the operational settings for the policy tools that support the FOMC's target range for the federal funds rate.

The Board will continue to evaluate the appropriate settings of the interest rates on reserve balances in light of evolving market conditions and will make adjustments as needed.

The interest rates on reserve balances that are set forth in the table below are determined by the Board and officially announced in the most recent implementation note. The table is generally updated each business day at 4:30 p.m., Eastern Time, with the next business day's rates. This table will not be published on federal holidays.

Implementation Note

DDP

Interest Rates on Reserve Balances for March 4, 2020 Last Updated: March 3, 2020 at 4:30 p.m., Eastern Time	Rates (percent)	Effective Date
Rate on Required Reserves (IORR rate)	1.10	3/4/2020
Rate on Excess Reserves (IOER rate)	1.10	3/4/2020

출처 : Fed 홈페이지

▲ **연준의 지급준비금과 초과지급준비금 이자율**(IORR and IOER)

나 초과 지급준비금 형태로 예치할 것이다. 0.1%만큼 은행이 보전받게 되는 것이다.

다음으로 매우 중요한 연준의 대차대조표balance sheet를 보자. 가장 최근에 올라온 것은 2019년 11월 PDF이다.

Stay Connected · Recent Postings · Calendar · Publications · Site Map · A-Z index · Careers · FAQs · Videos · Contact

Search

About the Fed | News & Events | Monetary Policy | Supervision & Regulation | Payment Systems | Economic Research

Home > Monetary Policy

Quarterly Report on Federal Reserve Balance Sheet Developments

The Federal Reserve prepares this quarterly report as part of its efforts to enhance transparency about its balance sheet, financial information, and monetary policy tools, and to ensure appropriate accountability to the Congress and the public.

The appendix of this report contains information about the transparency provisions of the Dodd-Frank Wall Street Reform and Consumer Protection Act of 2010 and the Federal Reserve's efforts to meet the requirements of those provisions.

For prior editions of this report (which was published from June 2009 to August 2012 as the "Monthly Report on Credit and Liquidity Programs and the Balance Sheet") and other resources, please visit the Board's public website.

Related I

Monthly Re
Programs

Recent Reports

November 2019	HTML | 2.32 MB PDF
August 2019	HTML | 2.29 MB PDF
May 2019	HTML | 2.29 MB PDF
March 2019	HTML | 584 KB PDF
November 2018	HTML | 578 KB PDF
August 2018	HTML | 572 KB PDF
May 2018	HTML | 525 KB PDF
March 2018	HTML | 536 KB PDF
November 2017	HTML | 508 KB PDF
August 2017	HTML | 470 KB PDF
May 2017	HTML | 476 KB PDF
March 2017	HTML | 472 KB PDF
November 2016	HTML | 479 KB PDF
August 2016	HTML | 492 KB PDF
May 2016	HTML | 494 KB PDF
March 2016	HTML | 504 KB PDF
November 2015	HTML | 500 KB PDF
August 2015	HTML | 2.3 MB PDF
May 2015	HTML | 632 KB PDF

출처 : Fed 홈페이지

▲ **연준의 분기별 대차대조표 보고서 파일들**

신용 및 유동성 프로그램과 연방준비제도의 대차대조표

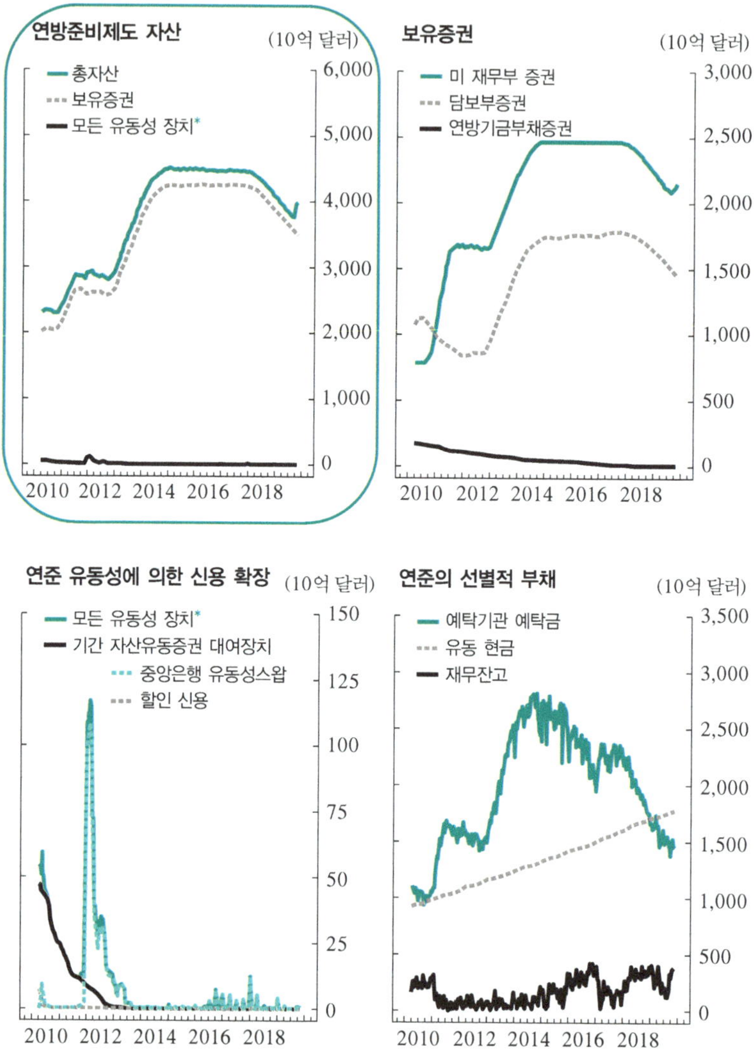

출처 : Fed 홈페이지

참고 : 데이터는 2020년 2월 26일까지 표시

* 모든 유동성장치에는 1차 신용, 2차 신용, 계절 신용, 기간자산-유동성 증권 대출, 중앙은행 유동성 스왑이 포함된다.

▲ **연준 대차대조표 분기 보고서**

PDF 문서상 6페이지를 보면 앞의 그림과 같이 연준의 보유자산 그래프가 친절하게 잘 그려져 있다. 약 3조 9천억 달러의 자산을 보유하고 있음을 알 수 있다. 참고로 연준은 금융위기 이전 약 1조 달러의 자산만 있었고, 세 차례 양적완화QE를 통해 3조 달러의 유동성을 공급했다. 결국 연준이 재매입한 자산들의 대차대조표 합계가 약 3조 9천억 달러인 것이다.

연준은 대차대조표를 단계적으로 축소하려 하고 있고, 약 5천억~1조 달러까지 가면 기준금리 체계를 금융위기 이전의 커리도어Corridor 시스템으로 전환하는 것을 목표로 한다고 하였다. 하지만 코로나19로 반대의 상황이 연출되었다. 금융위기 당시보다 더 큰 대규모 양적완화를 단행하고 있다. 4차 부양책까지 2조 8천억 달러를 통과 시켰고, 5차 부양책으로 추가 1조 달러 통과를 목전에 두고 있다. 늘어난 자산을 경제에 충격을 주지 않고 다시 효율적으로 줄일 수 있을지는 의문이다.

다음으로는 역사적인 연준 의장들과 해당되는 시기 금융시장에 있었던 큰 사건들에 대해서 살펴보자. Fed 연준 의장들은 모두 저마다 비중 있는 역할들을 했었다. 역사적 사건들 이후 이어지는 연준 의장들은 각자의 특색 있는 성향으로 연준을 이끌면서 막강한 힘을 발휘하고 있다.

[역대 연준 의장과 정책들은 어떠했었나]

1920~1929년까지 미국은 장기간 번영기였다.

1930년대 초 이자율 상승과 통화량 감소로 경기침체 발생, 상업은행 파산 속출. 당시 Fed는 1920년대 미국의 장기 호황에 따른 주가 상승과 버블을 청산해야 한다는 청산주의가 득세하였다.

1933년 미국 금본위제 폐기. 이후부터는 연준에서 본격적인 통화정책 구사가 가능해진다.

1934~1948년 마리너 에클스

1948~1951년 토마스 맥케이브

1951~1970년 윌리엄 마틴

1970~1978년 아서 번즈

1978~1979년 윌리엄 밀러

1979~1987 폴 볼커

폴 볼커는 인플레이션을 억제하기 위해 금리를 급격히 인상했던 인물(인플레이션 파이터)로 유명하다. 그가 취임하기 전에 몇 가지 물가 상승을 유발하는 큰 사건들이 있었다. 오일쇼크(1차 1973년, 2차 1979년)와 금 가격 상승에 따른 정부의 달러 평가절하 조치다.

1979년 미 소비자물가 상승률이 11%를 넘어섰는데 이 문제를 해결하기 위해 연준은 기준금리를 급격히 인상했다. 당시 언론은 이를 '토요일 밤의 학살'이라고 불렀다. 1979년 10월 6일 토요일 밤 볼커 의장은 기자회견을 열어 기준금리를 종전보다 4%포인트나 높은 15.5%로 인상했다. 다음 해에는 금리를 역대 최고 수준인 20%까지 인상하였다. 이런 과감한 통화정책으로 1980년 14.6%였던 인플레이션은 1983년 2.5%로 급격히 떨어졌다.

출처 : 구글

▲ 볼커

또한 볼커 의장은 Fed 정책 목표를 연방기금금리에서 통화량 증가율로 변경하였다. 금리 인상을 용인하면서 통화량을 조절하겠다는 것으로 높은 인플레이션을 낮추기 위해 강한 금리 인상으로 유동성을 조절하는 것이다. 결과적으로 물가는 낮아져 충격요법의 성공으로 볼 수 있다. 그러나 통화량을 제어하면서 물가는 하락했는데, 경제성장률도 함께 하락하는 흐름을 보였다. 결국 양적 긴축으로 실업률이 높아지고 경제가 침체 국면을 보였다.

1987~2006 앨런 그린스펀

▲ 앨런 그린스펀

볼커가 인플레이션을 완화시킨 이후 그린스펀은 미국 경제의 안정적인 성장기를 이끈 인물이다. 무려 18년 동안이나 의장직을 유지하였다. 그래서 현재까지 미 연준 의장을 상징하는 인물이기도 하다.

저금리를 바탕으로 미국 경제 GDP를 안정적으로 유지했으나 1987년 블랙먼데이, 2000년대 IT 버블과 2008년 금융위기가 발생하며 금융시장 리스크를 간과했었다는 오점을 남겼다. 금융위기는 그린스펀 퇴임 2년 후 곧바로 찾아왔다.

저금리가 금융시장에 미치는 영향은 적지 않다. 그린스펀 의장 시절 초장기 저금리가 유지되면서 미국 주식시장과 부동산시장은 버블이 커진다. 그로 인해 발생한 금융위기를 거치며 일부 해소된 부분도 있었으나 양적완화 등으로 현재 미국 부동산 가격은 사상 최고치를 기록하고 있다. S&P500도 마찬가지다. 제로금리에서 2.5%까지 금리를 올렸음에도 IT를 중심으로 한 미국 지수 상승은 역대 최장기 확장세를 기록하였었다. 버블 조정 가능성도 그만큼 높아지고 있는 것이다. (코로나19로 현재는 다시 제로금리로 내려간 상황이다)

볼커가 금리정책을 과감하게 이끌었던 반면 그린스펀은 미세조정Smoothing operation을 중요하게 생각했다. 소위 '아기 걸음baby step' 이라는 표현으로 불리는데, 기준금리 변동을 25bp씩 조정하거나 한 차례 쉬었다가 25bp 조정하는step by step 방식을 취했다. 하지만 2001년 9.11테러 같은 사건이 발생했을 때는 빠르게 금리를 인하하며 경제 충격이 완화되도록 적극적으로 대응했다.

그린스펀은 FOMC 및 의회 연설에서 모호한 말과 표현으로도 유명했다. 일명 '그린스펀의 수수께끼Greenspan's conundrum' 가 대표적이다. FOMC에서 물가를 잡기 위해 정책금리를 올렸지만 시장금리는 오히려 떨어지는 현상이 벌어졌다. 그린스펀도 이유를 알 수 없어 곤혹스럽다고 밝힌 이 현상은 월스트리트에서 "그린스펀 수수께끼" 로 불렸다.

하지만 당시 중국 등 아시아 국가들이 막대한 외환보유액을 바탕으로 미국 국채를 사들였다는 사실이 밝혀지면서 수수께끼가 풀렸다. 즉, 시장 유동성에 의한 미국 장기채 매입 수요에 의해 시장금리는 기준금리 인상에도 불구하고 완만한 하락 압력을 받으며 하락했던 것이다. 현재의 일본 및 유럽 국채 금리가 마이너스(-)를 보이는 것을 보면 학문적인 이론에서는 불가능한 마이너스 금리가 현실에서는 발생하는 것이다.

현재 중국은 미국의 국채 규모를 점차 축소할 것이라고 발표하고 있다. 미중 갈등이 심화될 때마다 심심치 않게 등장하는 중국의 미 국채 매도 시나리오가 현실화할지 주목해야 할 듯하다.

한 가지 재미있는 이야기를 살펴보자. 그린스펀 당시 유명한 사건이 있었는데 1998년 발생한 롱텀캐피탈매니지먼트LTCM 헤지펀드 사태이다. 미국의 헤지펀드사인 LTCM은 1998년 8월 러시아의 모라토리엄 선언으로 파산까지 가게 된다. 당시 월가의 투자은행들이 제공한 레버리지 파생상품에서 큰 손실을 입게 되는데, S&P500은 LTCM으로 인해 당시 월간 기준 -14.58% 급락한다. Fed는 기준금리를 5.50%에서 4.75%까지 세 차례에 걸쳐 75bp 인하하고 펀드를 조성해 투자자 손실에 대응했다. 결국 헤지펀드 LTCM은 파산 절차를 거쳐 청산되었다. 얼마나 큰 리스크가 있었기에 연준까지 나서 기준금리를 인하했는지 놀랍기만 하다.

이때 그런스펀이 보여준 위험을 상쇄시키는 능력 때문에 증시 침체로부터 옵션 보유자를 보호하는 풋옵션과 비슷하다는 뜻으로 '그린스펀 풋Greenspan put'이라는 말이 생겨나기도 했다. 연준이 금리 인하까지 하게 한 유명한 헤지펀드 LTCM에 관한 이야기는 이 장 마지막에 부록으로 정리하였으니 처음 듣는 분이라면 가볍게 읽어보기 바란다.

그펀스펀은 결국 파생상품에 대한 위험을 간과했다는 평가를 받는다. 파생상품이 갖는 금융시장의 헤지 역할 등 긍정적 역할을 중요시하다 2008년 금융위기를 촉발시킨 주범이 될 줄 예측하지 못했던 것이다.

2006~2014 벤 버냉키

▲ 벤 버냉키

벤 버냉키는 헬리콥터 벤(헬리콥터를 타고 달러를 뿌리는 모습)으로 잘 알려진 인물이다. 금융위기 당시 세 차례 양적완화를 통해 3조 달러의 유동성을 공급했다. 경제학 박사 출신으로 미국 대공황을 연구했다. 미국의 대공황과 1970년대 디플레이션, 일본의 잃어버린 10년 등 경기 불황에 대한 연구에 집중했던 인물이다. 과거 대공황 당시 연준의 정책 실패를 반복하지 않으려고 상반되는 정책을 택했다. 청산주의와 반대로 돈을 풀어 금융시장을 지키는 것이 미국 경제를 살리는 것이라는 것을 잘 알고 있었다.

버냉키 의장은 잦은 말바꿈으로 인해 시장을 불안하게 하기도 했다. 취임 초기에는 인플레이션에 대한 언급 수위에 따라 증시가 요동을 친 적이 있었다. 인플레이션 우려로 금리 인상 가능성이 높아지면 '버냉키 충격Bernanki shock' 이라 불릴 정도로 주가가 급락했고, 인플레이션이 통제 가능한 수준으로 금리 인상 우려가 줄어들게 되면 '버냉키 효과Bernanki effect' 라고 불리며 주가가 급등했다. "버냉키 콜Bernanki call' 이라고도 불렀는데, 잦은 말바꿈으로 시장 참여자들이 느끼는 피로가

누적되면 만기 이전에 권리행사를 촉진시키는 콜옵션과 비슷하다고 해서 붙여진 이름이다.

버냉키는 Fed가 은행들의 절대적인 대부자로서 충분한 유동성을 공급해야 한다는 견해를 가졌던 인물이다. 통화량 조절과 함께 정책금리 조정을 통해 장단기 금리를 조절해서 소비와 물가목표를 달성하려고 했다. 버냉키 의장 시절에는 금융시장에 커다란 사건이 있었다. 바로 2008년 금융위기이다. 리먼브라더스 사태로 시작된 금융위기는 부동산 및 실물경제에 커다란 충격을 가했다.

금융위기 당시 서울 아파트값이 '반값 아파트'로 할인되면서 폭락했던 것을 기억한다. 딜링룸에서 트레이딩을 하고 있었는데 경제방송 TV에 갑자기 부시 대통령이 나와서 미국이 위기라는 말을 여러 차례 반복했던 것을 기억한다.

당시 저자는 한 가지 의문을 가지고 있었는데 2003년 3월부터 미국은 대량 살상무기를 빌미로 이라크를 침공해 전쟁 중이었다. 명분 없는 전쟁이라는 비난이 부시 대통령에게 끊이지 않던 시기였다. 글로벌 증시가 연일 폭락을 하는 상황에서 임기가 얼마 남지 않은 미국 대통령이 방송에 나와 위기라는 말을 여러 차례 하는 모습이 왠지 믿음이 가지 않았다. 부시 대통령은 4개월 후 2009년 1월에 임기가 끝나는 상황이었다.

▲ 2008년 9월 20일 부시 대통령 긴급 성명 발표

위 사진에 보면 부시 대통령 왼편에 벤 버냉키 연준 의장이 보인다. 버냉키 옆에서 부시 대통령이 연설을 하던 그날의 모습이 아직 기억에 남아 있다. 위기(부시)에서 연준(버냉키)이 옆에 있다는 것을 그대로 보여주는 화면이라고 해야 할 것 같다.

다음 그림은 S&P500 월봉 차트이다. 2020년 코로나19로 인한 하락이 보이긴 하지만 2008년 금융위기 이후 주가는 엄청난 상승을 하고 있다. 물론 금융위기 당시 S&P500 지수가 1,500선에서 700선으로 추락한 것은 사실이다. 실물경제에 미친 영향도 엄청나게 컸다. 서울 아파트값이 반값으로 떨어졌었으니 말이다. 그러나 2009년 3월부터 미 증시는 11년 동안 가파른 상승을 기록했다. 아이러니하게도 당시 서울 아파트값이 원래의 값으로 돌아와 가파르게 상승하는 데는 몇 년 걸리

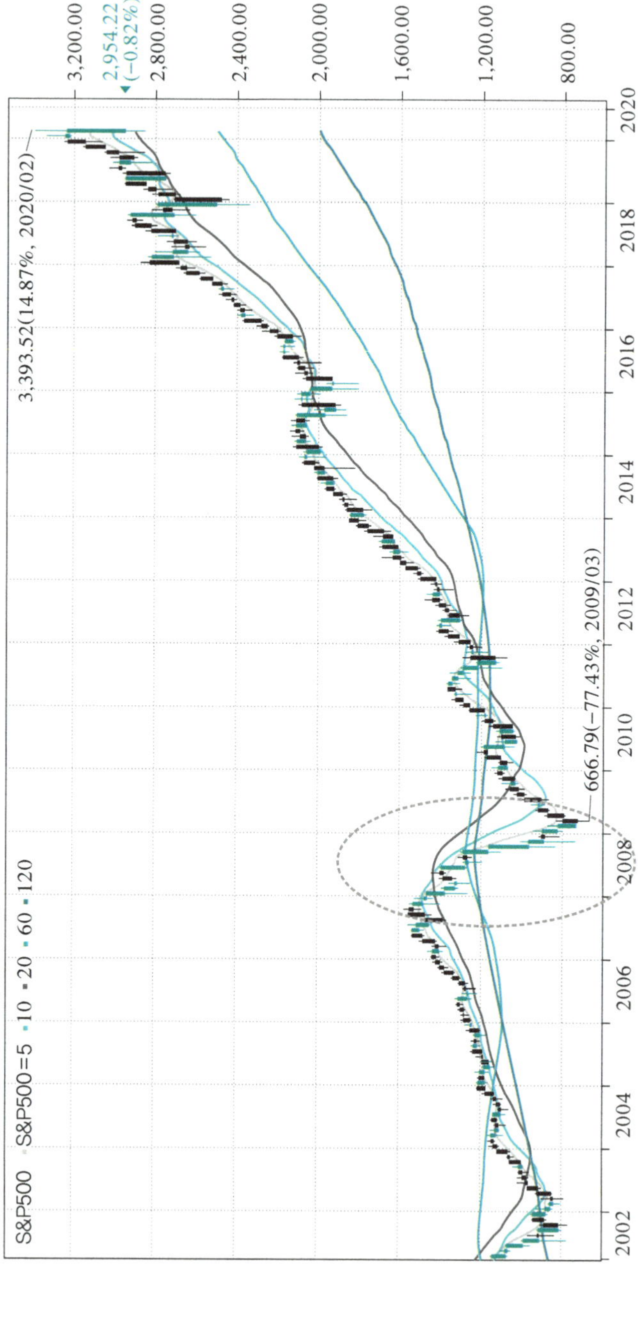

출처 : 키움

▲ S&P500 월봉 차트

지 않았다.

버냉키 의장은 대공황을 연구한 사람이다. 금융위기 때는 주저하지 않고 기준금리를 가파르게 끌어내렸다. 2007년 7월 5.25%인 기준금리를 2008년 12월 제로금리까지 내렸다. 또한 기준금리가 제로가 된 상황에서 양적완화 조치를 시행했다. 세 차례 양적완화를 통해 시장에 달러를 공급해 주는 방식으로 경기를 살리고자 하였다. 세 차례 양적완화가 어떻게 진행되었는지 살펴보자.

▪ **1차 양적완화**Quantitative easing ; QE1(2009년 3월 ~ 2010년 3월)

2008년 11월 25일 6천억 달러 MBS와 채권 매입 계획을 발표하는 것을 시작으로 정부 보증 모기지채권과 모기지 유동화증권을 매입해서 모두 1조 7,250억 달러를 매입하는 양적완화를 단행했다.

▪ **2차 양적완화**Quantitative easing2 ; QE2(2010년 11월 ~ 2011년 6월)

2010년 11월 3일부터 8개월 동안 750억 달러 국채를 매입하는 것을 시작으로 모두 6,000억 달러 국채를 추가 매입하는 양적완화를 단행했다.

두 차례 양적완화로 연준의 대차대조표는 2조 달러 증가하는 결과를 가져온다. 설상가상으로 2011년 8월 5일 신용평가기관 스탠다드

앤드 푸어스S&P가 미국의 신용등급을 트리플AAAA에서 더블A플러스 AA+로 한 등급 강등시킨다. 이는 당시 기축통화인 달러에 금이 가는 상징적 사건이었다. 이로 인해 주말 이후 8일 열린 코스피 시장은 74.30포인트 하락한 1,869.45를 기록했다.

▪ 오퍼레이션 트위스트 Operation Twist(2011년 9월 ~ 2012년 6월)

두 차례 양적완화로 연준의 대차대조표가 급격히 확대되었다. 다음으로 버냉키는 대차대조표를 확대하지 않으면서 듀레이션을 조절하는 방법을 선택했다. 단기채를 팔아서 유동성을 공급하며 장기채를 매입하는 것이다. 장기채 매입으로 장기금리 하락을 유도해 장단기 모두 낮은 금리로 유지할 수 있었다.

▪ 3차 양적완화 Quantitative easing3 ; QE3(2012년 9월 ~ 2014년 10월)

무제한 양적완화로 불린다. OT로도 실업률이 개선되지 않자 연준은 매달 400억 달러의 주택담보부증권을 무기한 매입하는 양적완화를 단행했다. 이때부터 달러의 기축통화에 대한 신뢰에 의문이 가기 시작하였다.

이러한 양적완화는 달러의 평가절하와 인플레이션 문제를 일으킬 수 있다. 당시에도 많은 비판 속에 양적완화가 진행됐는데, 오늘날 달러의 가치는 쉽게 떨어지지 않고 있다. 미국이라는 신뢰를 바탕으로 시장에 불안감이 발생할 때마다 오히려 더욱 강해지는 듯한 흐름을 보이고 있다. 최근의 예로 코로나19로 인한 글로벌 경기침체 위기를 들 수 있다. 위기 상황에서 달러 수요가 폭증하면서 신흥국 통화 대비 달러 가치가 급등하는 현상이 발생한 것이다. 충분한 수준의 달러를 보유하고자 하는 심리가 달러 가치를 강력히 지지하는 중요 요인 중 하나인 것이다.

2014~2018 재닛 옐런

출처 : 구글

▲ 재닛 옐런

버냉키가 양적완화로 대표된다면 옐런은 버냉키의 다음 임무인 양적 긴축을 무리 없이 수행한 인물이다. 2010년부터 연준 부의장에 임명돼 벤 버냉키 연준 의장과 함께 양적완화와 금리 인하 등 경기부양 정책을 함께 추진하였다. 이후 월가에서는 옐런을 완전고용과 물가안정이라는 연준의 두 가지 책무를 수행할 최적의 인물로 평가하였으며, 그녀는 Fed 역사상 첫 여성 의장에 지명되었다.

옐런은 2016년 10월 컨퍼런스에서 '고압경제High pressure Economy'라는 표현을 사용했는데, 이는 완만한 인플레이션과 고용 회복을 위해 초과수요 압력을 일부 용인해야 한다는 의미로 금리 인상 속도에 인내심을 갖겠다는 표현으로 해석되었다. 하지만 결국 코로나19 사태로 금리 인상이 불가능해져 확대된 통화를 긴축하는 방안이 더욱 묘연해지게 되었다.

테이퍼링Tapering이라는 용어는 2013년 5월 23일 벤 버냉키 연설에서 등장했다. 당시 양적완화의 출구전략(3차 양적완화 규모를 축소하기 시작하면서)을 이같이 표현했다.

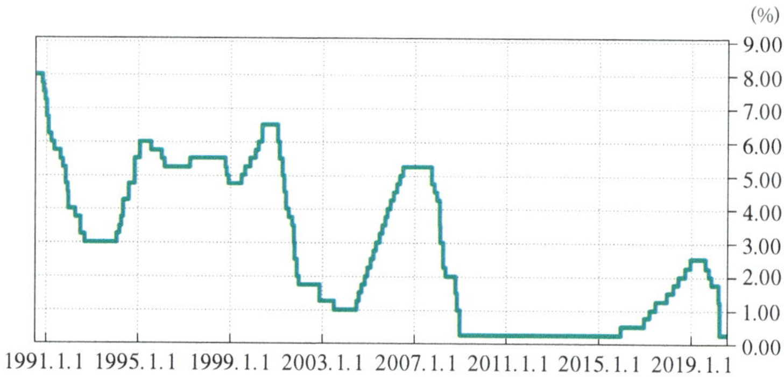

출처 : 구글

▲ 30년 미국 기준금리 차트

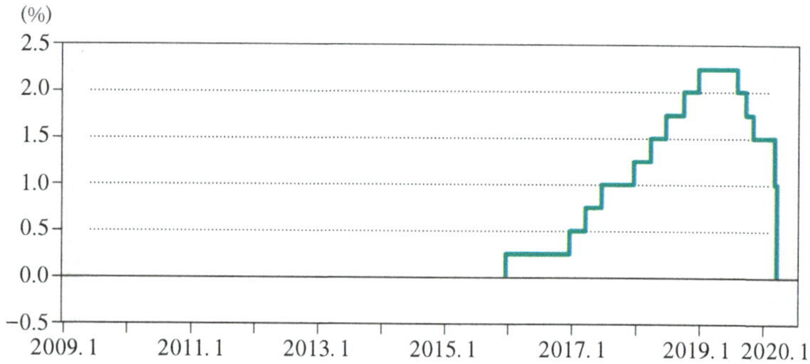

출처 : FRED

▲ 최근 미국 기준금리 차트

결국 첫 번째 기준금리 인상은 옐런에 의해 2015년 12월에 시작되었다.

금리 인상으로 표현되는 양적 긴축Quantitative Tightening ; QT은 2019년 7월까지 진행되다가 다시 금리 인하로 돌아서는 상황이다. 양적 긴축QT은 2015년 12월 제로금리 정책 종료 이후 3년간 전개되었다. 또한 2017년 10월부터 시작한 연준의 보유자산 축소도 2019년 9월 말 종료되었다. 공식적인 양적 긴축이 종료한 셈이다.

2018~현재 제롬 파월

출처 : 구글

▲ 제롬 파월

역대 연준 의장들은 경제학 박사 출신이 대부분이다. 파월은 로스쿨을 다녔고 정치학을 전공했다. 때문에 취임초기 연준의 이론적 장악력이 약하다는 평가를 받았다.

옐런의 기준금리 정상화 정책인 양적 긴축을 마무리하면서 연준 의장을 맡고 있다.

2019년부터는 미국 경제가 장기간의 확장세 후반부Late cycle라는 의견과 10년 만의 경기침체Recession 우려에 대한 불안감도 높아지는 상황이었다.

2019년 6월 ~ 10월 사이 미 국채 장단기 금리가 4개월간 역전되면서 10년마다 반복되는 경기침체에 대한 우려로 증시의 변동성이 한동안 크게 확대되었고, 원달러 환율이 1,150원대 이상으로 한 단계 올라서는 상황이 전개되었다.

▲ **2019년 미 국채 3년물-10년물 금리 스프레드 차트**

위 그림은 미 국채 3년물과 10년물의 금리 스프레드 차트이다. 6월부터 역전되더니 9월에는 최대 -50bp까지 역전되었다가 10월 이후 다시 정상화되는 모습을 볼 수 있다. 기간이 중요한데 약 4개월이다. 과거 경기침체 당시 금리가 역전되었던 기간과 비슷하다. 금리 역전 후 약 1년 후에 경기침체가 나타났던 점을 감안하면 2020년 10월 이후가 불안하게 느껴진다.

2020년에는 커다란 변수가 발생했다. 코로나19가 전 세계적으로 빠르게 확산했다. 그러자 미국 대통령 트럼프와 연준 의장 파월이 함께 나와 긴급 성명을 발표했다.

▲ **도널드 트럼프**(왼쪽) **미국 대통령과 제롬 파월**(오른쪽) **미국 연방준비제도 의장**

연준은 2019년 7~10월 세 차례 금리를 인하하며 '적절히 대응하겠다'는 표현을 썼는데, 이날 긴급성명에서도 뉴욕 증시가 폭락하자 적절히 대응할 것이라며 시장을 안심시키려 했다. 결국 코로나19로 기준금리는 0~0.25% 제로금리까지 내려갔다.

금융시장을 안정시키는 연준의 주요 권한은 최종대부자로서의 역할이다. 시장의 위기 때에는 단기 유동성을 제공해서 여러 금융기관들의 자금 조달을 원활하게 지원하는 것이다. 또한 평상시에도 통화정책을 통해 단기금리의 조정 역할을 수행한다.

현재까지 미국은 4차례 부양책으로 약 2조 8천억 달러의 유동성을 공급하였다. 또한 현재 5차 부양책으로 1조 달러를 예정하고 있다. 하지만 지속되는 양적완화에 대한 연준의 깊은 고민이 보이지 않는 지금 향후 달러 가치에 대한 시장의 신뢰가 어떻게 흘러갈지 지켜볼 일이다.

[참고]

책을 쓰기 시작한 2019년부터 책이 발행되는 2020년 말까지 빠르게 바뀐 금리 인하 등 몇 가지 사항들은 쓰는 시점 기준으로 그대로 유지하려고 하였다. 과거 데이터로 쓰여진 페이지는 그대로 참고하면서 보면 된다. 예를 들어 현재의 미국 기준금리는 0～0.25%로 제로금리이다.

— 2020년 7월 25일 작성 중

03

달러—금에서 달러로 가는 역사

— 달러로 움직이는 세계

— 은본위제 · 금본위제 · 석유달러본위제, 그리고 달러 기축통화까지

출처 : 구글

▲ **은본위제(❶) 금본위제(❷) 석유달러본위제(❸) 달러 기축통화(❹)**

미국은 축복받은 나라이다. 2005년에 시카고 증권거래소에 출장 갈 일이 있어 미국을 처음 방문했다. 가본 사람은 알겠지만 도시를 제외하고는 높은 건물이 별로 없다. 번화가를 벗어나면 건물들은 높아야

2～3층이고 평지에 넓게 지어져 있다. 중산층이 사는 주택은 정원이 있는 1층 집들이 대부분이다. 수영장이 있는 집도 어렵지 않게 볼 수 있다. 우리나라같이 비좁은 땅에 높다란 아파트에서 층층이 사는 문화가 아니다. 주차장의 주차 간격을 보면 초보자도 정말 편하게 주차할 수 있을 정도로 넓다. 넓은 대륙의 드넓고 기름진 땅, 풍부한 자원까지 부족할 게 별로 없는 나라이다. 거기에다 지금은 세계 최강의 막강한 군사력과 경제력을 가지고 있다. 어찌 축복받은 나라라고 생각하지 않을 수 있을까. 여러 가지 정치 · 문화적인 부분은 제외하더라도 말이다. 그런데 이런 모든 것을 뛰어넘는 가장 부러운 것이 또 있다. 바로 달러이다.

한화로 지폐 5만 원짜리 수십 장을 가지고 미국에 간다고 하자. 길거리에서 사용하려고 하면 아무도 받아주지 않는다. 조금 심하게 말하면 휴지조각에 불과하다(환전하는 곳을 제외하고 말이다). 달러는 어떠한가? 전 세계 어디를 가든 달러를 안 받아주는 나라가 거의 없다. 기축통화Key currency이기 때문이다.

이 절에서는 달러가 기축통화가 된 역사적 사건들에 대해 차례로 정리하였다.

역사적으로 금융의 중심은 영국 런던이었다. 1717년 영국 아이작 뉴턴이 금본위제를 주창하게 된 것이 시발점이 되었고, 1816년 최초로 금본위제가 채택되었다.

역사상 뛰어난 과학자로 칭송받는 '아이작 뉴턴'을 많은 사람들은 만유인력의 법칙을 발견한 인물로만 기억할 것이다. 하지만 케임브리지 대학의 교수였던 뉴턴은 학교를 떠나 1696년부터 영국의 런던타워 조폐국에서 감독관으로 일을 시작해 1699년 3년 만에 조폐국장이 되었다.

출처 : 구글

▲ **영국 런던타워**

뉴턴은 조폐국에서도 물리학 학자다운 면모를 그대로 살려냈다. 용광로의 원가와 사용횟수 등 생산비용을 합리적으로 관리하는 등 파운드와 황금 간에 적당한 비율 체계를 수립하는 데 기초를 다졌다. 1816년 영국 의회는 금화에 대한 순도와 중량 등을 규정한 법안을 통과시킨다. 이로 인해 1816년은 영국이 금본위제를 실시한 공식 원년으로 주장되기도 한다.

이후 1818년 네덜란드, 1832년 미국, 1871년 독일, 일본, 1876년 프랑스 등이 금본위제를 따르게 된다. 당시 영국 파운드화는 세계 무역의 60% 이상을 장악했고, 런던 금융시장은 전 세계 투자의 절반을 거래하는 거대 금융시장이었다.

앞서 말했듯이 과거 은본위제가 보편화될 수도 있었으나 은보다 금이 귀한 데다가 역사적으로 여러 은광이 발견되며 은의 희소성이 떨어져 기축통화의 자리를 결국 금에 내어주게 되었다. 금본위제 시스템에서는 중앙은행이 금을 보유해야 한다. 그리고 보유한 금을 담보로 화폐를 발행해야 한다. 중앙은행의 금 보유량이 줄어들면, 즉 중앙은행에서 금이 많이 인출되면 화폐 발행이 감소하고, 반대로 중앙은행의 금 보유량이 증가하면 화폐 공급이 증가한다. 결국 금본위제에서는 금의 보유량을 기준으로 통화 발행을 결정하기 때문에 중앙은행의 역할에 상당한 제약이 따른다.

금본위제의 균열은 1914년 제1차 세계대전이 발생하며 나타났다. 전쟁이 4년 동안 지속되면서 파운드화 가치는 급락한다. 결국 금이 부족해지자 영국은 금본위제 포기 선언을 하고 1931년에 파운드화와 금과의 교환을 완전히 중지한다.

1929~1939년까지 미국은 10년간 경제 대공황을 겪는다. 이때까지 미국은 금본위제를 유지하면서 대공황에 적극적으로 대응하지 못

하는 실수를 범한다. 거기에다 1930년대 미국은 청산주의 이론을 지지했다.

청산주의를 대표하는 인물로는 앤드루 멜런(1855~1937년)이 언급되는데, 사실 그는 1890년대 존 록펠서, 헨리 포드와 함께 미국의 3대 부자에 이름을 올릴 정도로 부유했던 집안의 인물이다. '멜런은행'이라는 은행가 집안의 자손이기도 하다. 당시 재무부장관이었던 멜런은 "불황기에 부패 청산, 호황기에 부채도 청산"이라는 인식을 가지고 있었고, 이런 청산주의는 하나의 정책으로 이어졌다. 대공황으로 주식시장이 폭락하자 "주식을 청산하고, 기업을 청산하고, 노동자를 청산하고, 농민을 청산하라"라는 말을 남겼는데, 1920년대 호황에 따른 버블을 청산하자는 의미였지만 대공황을 심화시킨 인물로 거론되면서 우파 경제학의 실패 사례로 남게 되었다.

현실 세계에서 이상은 긍정적인 효과를 발휘하지 못하는 경우가 많다. 특히 당시 불황기에 많은 사람들의 먹고사는 문제 앞에서 구조조정을 한다는 것은 더욱 불경기 시름을 깊어지게 하는 결과가 되었다. 더군다나 미국의 3대 부자에 이름을 올릴 정도로 부유했던 인물이 노동자와 농민을 청산하자고 외쳤다니 말이다.

금본위제는 1933년 루스벨트 대통령이 달러를 평가절하하고 예금보험제도를 도입하면서 사실상 종료되었다. 이후 1939~1945년 제2차 세계대전으로 세계는 새로운 금융질서를 필요로 하게 되었다. 두 차례에 걸친 세계대전으로 영국의 경제력이 약화되면서 그 지위를 채권국인 미국이 대신하며 재편되게 되는데, 뉴햄프셔주 브레튼우즈에서 달러의 기축통화 체계를 만들게 되는 첫 회의가 열린다.

브레튼우즈 체제 (1944~1970년)	스미소니언 체제 (1971.12~73년)	킹스턴 체제 (1976. 1~)	2000년대~
IMF, IBRD 창설 달러를 기축통화로 하는 금본위제 고정환율제	금태환 정지 달러본위제 (석유달러본위제)	자율 변동환율제 달러본위제 (IMF의 SDR본위제)	각국 정부의 적극적 환율시장 개입 환위험 헤지 위한 파생금융상품 등장

▲ 달러의 글로벌 기축통화 성립 단계

브레튼우즈 체제Bretton woods-United Nations Monetary and Financial Conference(1944~1970)

미국 뉴햄프셔주 브레튼우즈에서 제2차 세계대전 이후의 금융질서를 세우기 위해 각국 정부 대표자들이 모여 회의를 연다. 이 회의에서 IMF국제통화기금와 IBRD국제부흥개발은행의 설립과 미국의 달러를 기축통화로 하는 금환본위제도가 결정된다. 영국 대표 케인즈는 새로운 국제 통화단위 '방코르' 화폐를 만들어 금과 연동하는 안을 제시하였으나 당시 강대국인 미국의 주장으로 달러가 기축통화로 결정된다. 미국은 여기에서 금 1온스당 35달러의 교환을 지급보증하는 금태환 방침을

출처 : 구글

▲ 브레튼우즈 회의

약속하였다. 아래가 바로 태환화폐이다. 지폐 정중앙 하단에 'IN GOLD COIN' 이라고 쓰여 있다. 이 달러 지폐를 은행에 가져가면 금으로 바꿔준다는 의미이다.

출처 : 구글

▲ 태환 화폐

▲ **불태환 화폐**

출처 : 구글

또한 다른 나라 화폐는 미국 달러와 고정환율로 연동되도록 하였다. 그러나 세계 각국의 경제발전 속도가 제각기 다르고 인플레이션의 차이로 고정환율제도는 처음부터 유지하기 어려운 문제점이 있었다.

이후 1960~1975년 베트남 전쟁에 참전한 미국이 막대한 양의 달러를 찍어내자 세계 각국은 미국의 금 지급 능력을 의심하기에 이른다. 결국 미국의 국제 무역수지 적자와 달러에 대한 신뢰도에 의문을 갖게 되면서 달러를 금으로 교환하는 요구가 급증한다. 이때 프랑스 샤를르 드골 대통령은 브레튼우즈 협정에 따라 막대한 양의 달러를 금으로 교환할 것을 요구한다.

1971년 8월 15일 일요일 저녁 당시 미국 인기 카우보이 드라마 '보난자Bonanza' 방송을 중단하고 닉슨 대통령이 긴급 성명을 발표한다. 바로 유명한 '닉슨 쇼크'이다. 여기서 닉슨 대통령은 금태환 정지를 전격 선언한다.

출처 : 구글

▲ 닉슨 대통령 금태환 정지 선언

달러의 금태환을 정지하고, 국내 물가를 통제하고, 수입품에 과징금(10% 수입관세)을 부과하겠다는 것이다. 환율과 관세라는 측면에서 현재 트럼프 대통령의 무역전쟁과 유사한 면을 볼 수 있다.

당시 미국은 보유하고 있던 금보다 훨씬 많은 달러를 발행했기 때문에 급증하는 금태환 요구를 감당할 수 없었다. 이때부터 금-달러본위제의 고정환율제도는 사실상 사라지게 된다. 또한 닉슨 쇼크 이후 금 보유량과 무관하게 달러를 발행할 수 있게 되면서 중앙은행은 강력한 통화정책을 펼칠 수 있게 된다. 하지만 이러한 강력한 통화정책은 부채와 인플레이션 등 다양한 문제점을 노출한다.

스미소니언 체제Smithsonian agreement(1971. 12 ~ 1973)

스미소니언 체제는 브레튼우즈 체제의 수정으로, 조정 가능 고정환율제도이다. 금태환 정지 이후 달러를 금에 대해 평가절하하여 1온스당 38달러로 정하고 환율변동폭을 확대하는 내용이다. 실제적으로 금 대신 달러가 환율 결정을 위한 척도로 사용되기 시작하였으며, 달러본위제로 불린다.

금태환 정지로 달러 가치가 폭락하는 흐름이 발생하였다. 여기서 미국은 새로운 돌파구를 석유에서 찾았다. 당시 중동은 오랫동안 크고 작은 전쟁이 지속되고 있었고 1973년 10월 6일에는 제4차 중동전쟁이 발생하였다. 미국은 사우디로부터 국제 원유 결제를 달러로만 할 것을 약속받고 사우디 정부에 경제 개발을 약속한다. 이때부터 석유달러 본위제가 시작된다. 바로 페트로 달러Petro-dollar이다. 이후 국제 외환시장은 불안이 지속되면서 결국 킹스턴 체제로 전환된다.

킹스턴 체제Kingston system(1976. 1 ~)

1976년 1월 자메이카의 수도 킹스턴에서 합의한 통화체제이다. 이때부터 각국에 독자적인 환율제도를 선택할 수 있는 재량권이 부여된다. 환율의 급격한 변동에 대해 각국의 중앙은행이 적극적으로 개입할 수 있도록 한 것이다. 즉, 각국이 고정환율제와 변동환율제 중 하나를 자율적으로 결정할 수 있도록 하였는데, 대부분의 국가들이 변동환율제를 채택하였다.

또한 IMF의 주된 보유자산을 SDRSpecial drawing rights, 특별인출권로 할 것도 결의한다. SDR은 회원국의 외환위기 등 특별한 상황 발생 시 담보 없이 인출할 수 있는 권리로, 달러 다음의 보조적인 준비자산의 개념이다. 따라서 SDR의 자산이 증가하면 SDR 통화 바스켓 안에 포함된 통화의 발행이 증가한다. 2016년에 위안화가 SDR에 편입되면서 현재는 달러, 유로, 파운드, 엔, 위안의 5대 통화 체제로 구성되어 있다.

최근 글로벌 증시의 하락으로 원달러 환율이 급등하자 외환 당국에서 상황을 주시하고 있으며 적극 대응하겠다는 '구두 개입'을 하였다. 또한 실제로 상황이 악화되면 외환보유고를 이용해 달러를 매도하는 등의 조치로 환율의 쏠림을 방어하는 것들이 이때부터 가능해졌다. 2000년대 이후에는 글로벌 금융시장에 다양한 파생상품들이 생겨났다. 달러 선물, 국채 선물, ETF, 리버스 등의 상품을 이용하여 환위험 변동에 적극 대응하는 것이 추가로 가능하게 되었다.

이와 같은 역사적 사건들을 거치며 달러는 기축통화로서의 지위를 갖추게 되었다. 따라서 금 · 석유 · 달러는 오랜 시간 동안 서로의 가격 변화에 민감하게 반응하며 가치를 형성해 왔다. 세 가지 중 어느 하나라도 가치가 급등락하게 되면 다른 자산의 가치에 영향을 주는 것이다.

미국은 국채를 담보로 달러를 발행한다. 달러의 근원이 국채라고 하는 이유이다. 또한 세계 각국이 미 국채를 안전자산으로 여기는 원인이다. 기축통화인 달러를 무제한으로 공급할 수 있는 미국이라는 나라의 국채는 안전하다고 여겨지는 것이다.

연준이 달러를 발행하는 구조를 그림으로 표현하면 대략 다음과 같다.

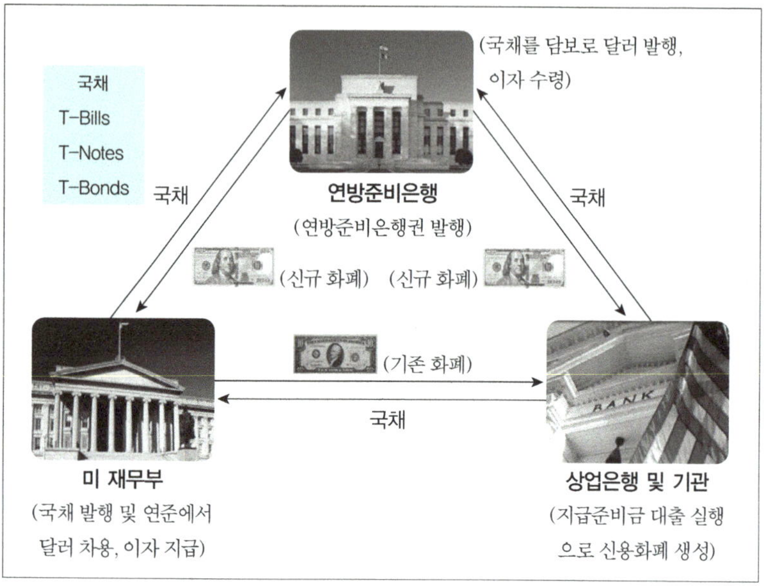

▲ **미 연준의 달러 발행 구조**

재무부에서 국채를 발행하면 연준은 이 국채를 담보로 달러를 발행해 주는 것이다. 연준은 정부기관이 아닌 연방은행들의 중앙은행 격이다. 금본위제 붕괴 이후 어떠한 금태환을 보장하지 않음에도 불구하고 스스로 발행한 달러로 국채를 매입하고 이자를 지급받는 구조이다. 브레튼우즈 체제 이후 금태환이 정지되었으니 미 의회에서 국채 발행이 승인되면 재무부에서 국채를 발행하고 연준에서 달러 발행이 가능하게 되는 구조이다. 무제한 양적완화가 가능한 것은 이 때문이다.

이론적으로는 국채 발행이 늘어날수록 달러는 지속적으로 구매력이 떨어지는 가치 하락 압력을 받게 되고 미국 국민들이 갚아야 할 부채는 늘어나게 될 것이다. 그렇다면 양적완화를 지속하게 되면 어떨까? 미 국민의 부채는 감당하기 어려울 정도로 계속 늘어나게 될 것이다.

여기서 한 가지 생각해 볼 것은 미 국채 발행이 지속 증가하고 달러가 무제한 발행되면 미국의 부채만이 증가하는 것인지이다. 사실은 그렇지 않을 것이다.

앞에서 살펴보았듯이 달러는 전 세계 기축통화이다. 결국 전 세계 각국의 자산과 상품으로 흘러가도록 되어 있다. 인플레이션이 계속 발생하면서 전 세계 화폐 가치를 떨어뜨리고 실물자산 거품을 높이는 작용을 하게 될 것이다.

조금 더 나아가 생각해 보면 기축통화인 달러의 70% 정도는 미국이 아닌 다른 나라에서 유통된다. 추가적인 달러 공급은 위기를 전 세계 각국으로 분산전가시키는 것이다. 미국 기업의 부실과 파산 위험을 담보해 주기 위해 연준이 대출을 무제한으로 실행하게 되면 신용등급이 낮은 기업들은 당장의 파산 위험을 모면하고 좀 더 연명해 갈 것이다. 어떤 국가에서 이 기업에 투자를 했다면 역시 당장의 부실 위기를 넘기게 되지만 달러 가치 하락에 따른 자산 손실을 지켜봐야만 한다.

이런 달러의 반복되는 무제한적인 공급은 결국 가치의 몰락으로 이어질 것이다.

여러분 노동력의 대가는 시간이 갈수록 희석될 것이다. 바꿔 말하면 달러의 무제한 발행은 미국의 부채만 증가시키는 것이 아니라 바로 여러분의 부채도 증가시킨다는 것이다. 동일한 상품을 과거 10달러면 살 수 있었던 것을 이제는 100달러를 줘야 한다면 말이다. 열 배는 더 일해야 한다는 것이니 말이다.

이 부분에 대한 이해와 견해는 사람마다 다를 수도 있으나 결과는 같다. 뒤돌아보면 시간이 지나면서 모든 자산의 가격이 너무 비싸져 있을 것이니 말이다.

다음으로는 달러가 기축통화로서 타 화폐 대비 우위에 있을 수밖에 없는 추가적인 이유를 하나 더 살펴보자.

기축통화국에는 '시뇨리지seigniorage' 효과라는 특별한 이익이 있다. 우리말로 바꾸면 "화폐 발행 차익" 정도로 생각하면 된다. 시뇨리지의 어원인 "시뇨르seigneur"의 의미는 프랑스의 영주, 봉건군주 등의 의미가 있는데 중세시대 봉건군주들이 재정을 메우기 위해 금화에 불순물을 섞어 유통한 데서 유래되었다. 불순물을 넣었으니 동일한 금의 양으로 좀 더 많은 금화를 만들었을 것이다.

달러의 시뇨리지 효과는 달러를 발행했을 때 액면가에서 발행비용과 유통비용 등 기타 관련 필요비용을 제외한 금액을 말한다. 즉, 미국은 천문학적인 달러를 발행할 때마다 인쇄비용과 유통관리 비용을 뺀 차액만큼의 무위험 이익을 얻을 수 있는 것이다.

최근까지 미국은 무역수지 불균형을 이유로 중국 및 세계 각국과 무역전쟁을 하고 있다. 천문학적인 시뇨리지 효과를 앉아서 보고 있는 미국 입장에서 무역수지 불균형을 이유로 무역전쟁을 한다는 것이 아이러니하다. 미국 입장에서 무역적자의 실질적 부담은 자연스럽게 시간이 지나면 인플레이션으로 헤지[희석]되면서 상쇄되어 갈 것이다. 거기에다 달러 발권력을 동원한 시뇨리지 차익 등 미국이 미래에 디폴트만 아니라면 문제가 없다. 물론 대출로 이루어진 부동산 가격이 폭락하지 않고 유지된다면 말이다. 하지만 달러의 지속적인 초과 발행에 따른 다양한 문제들은 언젠가 크게 문제될 것으로 다양한 기관에서 예측하고 있는 것도 사실이니 지켜볼 일이다.

연준은 매번 착실히 FOMC를 개최하고 성명서를 발표하고 있다. 2008년 금융위기 이후 올해 두 번째 대규모 양적완화를 시행하고 있지만 향후 정상화 계획에 대한 구체적 언급이 별도로 없는 점은 달러에 대한 신뢰를 점차 약화시킬 것이다.

[부록]

실패한 헤지펀드 이야기[롱텀캐피탈매니지먼트LTCM]

— 노벨상과 펀드매니저의 '잘못된 만남'

출처 : 구글

▲ **로버트 머튼과 마이런 숄즈**(왼쪽), **존 메리웨더**(오른쪽)

여기에서는 미국 연준과도 관련이 있었던 재미있는 이야기를 하나 정리하려고 한다.

롱텀에 대한 이야기를 하기 전에 우선 국내에서 있었던 재미있는 사례부터 조금 들려주고자 한다. 2000년대 초반 A증권사에서 국내 최고 대학의 공대를 졸업한 전산 프로그래머 몇 명을 채용했었다. 당시 여의도 소문으로는 우주선의 달 착륙 궤도를 계산해내는 프로그램을 짤 수 있는 엄청난 실력의 프로그래머였다는 소문이 돌았다. 실제로 달 착륙 궤도를 계산하는 것은 매우 어렵다고 한다.

이런 프로그래머들을 채용한 이유는 단 하나! 돈을 벌기 위해서…. 주식의 차트 흐름을 분석해 미래 주가 차트를 예측해 그려내고자 했던 것이다. 다시 말해 내일 주가가 어떻게 될 것인지 예측하고자 했던 것이다. 그 어려운 우주선 궤적도 계산해내는데 주식 차트 정도는 쉽게 그려낼 것 같았던 것이다. 그럼 그 친구들이 돈을 벌었을까? 안타깝게도 돈을 못 벌었다고 한다. 그분들을 실제 만나보지는 못했다. 만약 큰 돈을 벌었다면 여의도에서 금방 알려졌을 것이다.

이번 이야기는 미국에서 실제로 있었던 사건이다. 앞선 프로그래머 수준이 아니라 블랙-숄즈 모형을 개발한 노벨상 수상자와 펀드매니저의 만남이다. 엄청난 손실로 끝난 이 사건은 우리에게 여러 의미를 던져준다.

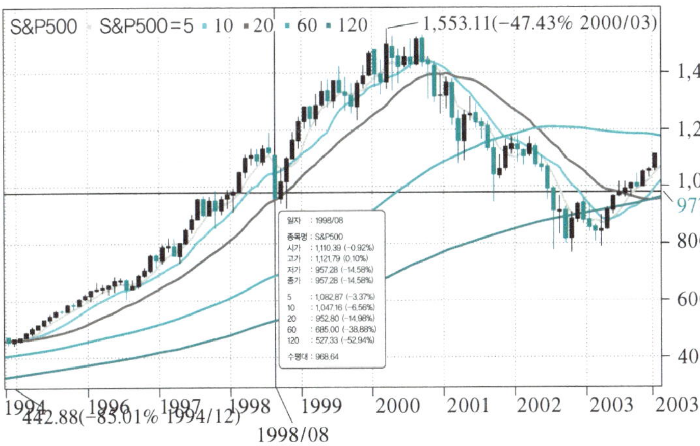

출처 : 구글

▲ **S&P500 차트**

1998년 8월 미 S&P500은 한 달간 -14.58% 급락한다. 노벨상 수상자와 펀드매니저의 만남이 실패한 결과를 역사적 그래프에 고스란히 남겨주었다. 이 사건은 일개 헤지펀드 운용사의 파산을 막기 위해 미 연준Fed이 기준금리까지 내려야만 했다. 이유는 그대로 파산할 경우 금융권에 엄청난 타격을 줄 정도의 파생상품 레버리지를 사용했기 때문이었다. 결국 '대마불사大馬不死' 라는 안 좋은 선례를 남기게 되었다.

이야기는 이렇게 전개된다.

1997년 노벨 경제학상 수상자는 파생상품 옵션의 가치를 결정하는 모델을 수학공식으로 풀어낸 MIT 교수 마이런 숄즈Myron Scholes와 로버트 머튼Robert Merton이었다. 원래 1973년 골드만삭스에서 일하며 모델의 기초이론을 정립한 피셔 블랙Fischer Black은 나중에 후두암으로 사망하면서 함께 노벨상을 받지는 못하였다. 하지만 현재 이 모형은 '블랙-숄즈 모형' 으로 불리며 파생상품 옵션의 가격을 계산하는 데 매우 유용하게 사용되고 있다.

살로먼브러더스 부사장이자 채권 트레이더였던 존 메리웨더는 1993년 롱텀캐피탈매니지먼트LTCM를 설립해 로버트 머튼과 마이런 숄즈를 영입해 소위 '드림팀' 을 구성한다. 시장에서는 노벨상으로 이론이 검증되고 경험에서도 유능한 사람들이 모였기 때문에 이들의 성공을 의심하지 않았다. 노벨상 수상자와 펀드매니저의 만남인 것이다.

실제로 롱텀은 1994년 28%, 1995년 59%, 1996년 57%라는 놀라

운 고수익을 실현했다. 1997년 아시아 외환위기 때에도 큰 수익을 내면서 전 세계적인 관심을 받았다. 하지만 거기까지였다. 사람의 욕심은 끝이 없는 법이다. 자신감이 생긴 롱텀은 좀 더 큰 베팅을 한다. 레버리지 비율을 높이고 저평가된 리스크가 농후한 자산에 무리한 투자를 한다. 당시 동아시아 외환위기로 러시아 국채의 가격이 저평가되고 있었고 미 국채 가격은 비싼 가격을 유지하면서 두 자산 간의 가격차이스프레드가 크게 벌어져 있었다. 이들은 여기서도 무리한 차익거래arbitrage 전략을 쓴다. 저평가된 러시아 국채를 대량 매입하고 미국 국채를 매도한 것이다.

하지만 문제가 발생한다. 금융위기를 극복하기 어렵다고 판단한 러시아가 갑자기 모라토리엄(루블화 표시 외채에 대한 90일간의 지불유예)을 선언한 것이다. 루블화 평가절하 조치를 단행하면서 러시아 국채는 폭락한다. 반면 미 국채는 안전자산 선호로 가격이 급등한다. 예상과 정반대의 상황이 연출되자 롱텀은 엄청난 손실을 입는다.

이런 상황이 발생하면 대부분의 투자자는 소위 물타기를 해서 만회의 기회를 노리게 되는데 이들도 별반 다르지 않았다. 이들은 명성에 걸맞는(?) 엄청난 레버리지를 일으켜 리스크를 높이다가 결국 망한다. 당시 자본금 수백억 달러의 회사가 투자금액이 1,250억 달러에 달했다. 러시아 채권에서만 1,000억 달러 이상의 손실이 발생하였고 투자상품의 장부가액이 1조 5천억 달러(약 1,900조 원)에 달하면서 리스크

관리에 실패하고 결국 롱텀은 부도를 맞는다.

리스크 헤지를 위해 여러 파생상품들을 거미줄처럼 섞어서 운용한 관계로 부실은 금융권 전반으로 퍼져 엄청난 충격을 주었고 결국 미국 연준까지 나서서 기준금리를 인하하고 투자은행과 연합하여 36억 5천만 달러(약 5조 원)를 지원하여 롱텀을 구조조정한다.

마지막으로 일부 투자금을 환매한 후 2000년에 회사를 청산 처리한다. 펀드매니저와 노벨상의 만남은 초라한 결과를 남기고 실패로 막을 내린다.

다음 그림은 2020년 3월 20일 기준 글로벌 채권들의 스프레드 흐

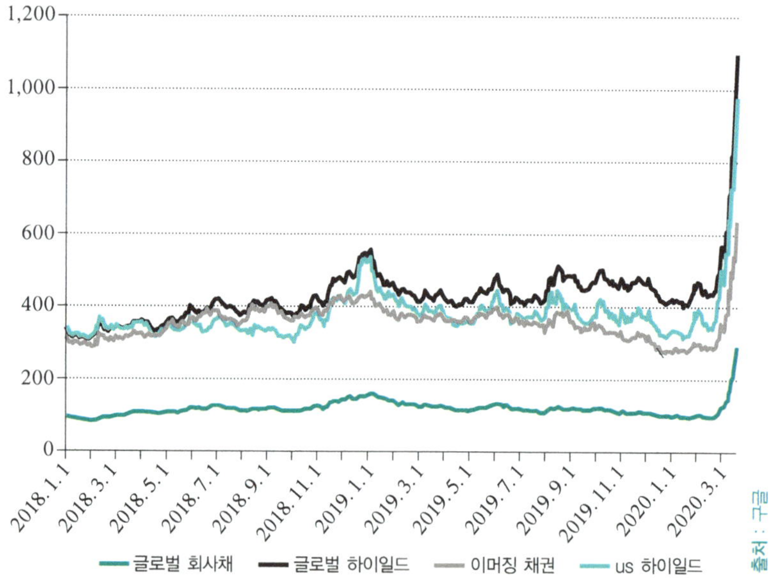

▲ **2020년 3월 20일 기준 글로벌 채권 스프레드 흐름**

름이다. 아이러니하게도 저자가 이 책을 쓰는 시점에 바로 LTCM이 겪은 것과 비슷한 상황이 발생했다. 원인은 서로 다르지만 고위험 채권들의 스프레드가 급등한 것은 동일하다. 채권의 스프레드는 벌어졌다가 좁혀지기를 반복하는데 대개는 일정 구간에서 움직인다. 하지만 2020년 2월 말부터 코로나19로 인한 글로벌 자금 이동으로 위험자산에서 빠르게 자금이 이탈하는 흐름이 생겼다. 이런 경우 당연히 고위험 하이일드 채권들의 가격은 급락(스프레드 확대)한다. 사실 1,000 이상의 스프레드 상승은 10년에 한 번 나올까 말까 하는 낮은 확률이다.

만약 LTCM이 현재 시점에 존재했고 대규모 차입을 통한 롱숏 차익거래를 했다면 이번 3월에도 동일하게 파산하는 운명을 맞았을 것이다. 트레이딩에는 화려한 경력은 있을 수 있으나 마법은 없다.

2000년도에 스탠퍼드대 경영대 석좌교수였던 마이런 숄즈 교수는 한 언론사 초정으로 한국거래소KRX에서 '증권시장에서 헤지펀드의 역할과 성장'이라는 주제로 강의를 한 적이 있었다. 당시 저자는 신입사원이라서 시간을 내지 못해 직접 가보지는 못했다. 노벨상 수상자이면서 한편으로는 수조 원의 손실을 내고 투자자에게 엄청난 손해를 입힌 후 청산 처리된 LTCM의 멤버를 볼 수도 있었는데 말이다.

CHAPTER 02

열 가지 사건들로 살펴보는 금융상품의 진실

1. (2008년) 키코(KIKO)—기업들 '낙아웃' 되다
2. (2009년) 도이치은행 ELS 주가조작 사건
3. (2010년) 11월 11일 도이치은행 옵션 쇼크 사태
4. (2011년) '중국 고섬' 사태—하한가 상장폐지
5. (2018년) 미국 금리연동펀드(뱅크론)—미국 금리와 연동 안 되는 펀드
6. (2018년) 증권사 배당주 공매도 사건—유령 주식의 출현
7. (2019년) 파생결합펀드(DLF)—만기상환 100%가 아닌 손실 100% 가능
8. (2019년) 라임 사모펀드 사태—사모펀드의 몰락
9. (2020년) 국제 유가 WTI ETF/ETN 상품의 감춰진 위험들
10. (2020년) 사모펀드 옵티머스 사태

이 장에서는 금융시장에서 개인투자자에게 큰 피해를 주었던 여러 사건들을 하나씩 살펴본다.

과거부터 최근까지 일어난 사건들에 대해 정리하고 투자자라면 알아야 하는 내용들에 대해서 짚어보았다. 내용이 이해가 안 간다면 여러 번 읽어보기를 바란다. 그래도 어렵거나 이해할 수 없다면 당신은 금융상품에 투자해서는 안 된다. 만약 투자했다면 당연히 손실을 입었을 확률이 높다. 자신도 제대로 알지 못하는 상품에 본인의 소중한 돈을 맡기면서 수익이 나기를 바라는 것은 어리석은 일이다.

오늘도 여러 금융사에서는 복잡하고 다양한 수많은 투자상품들이 당신을 기다리고 있다. 하지만 이런 투자상품에 가입할 때 상품에 대한 이해를 온전히 하는 고객은 그리 많지 않은 것 같아 걱정이다. 투자상품이 점점 복잡하고 다양해지기 때문이고 이해하기 난해한 것들이 계속 생겨나기 때문이다. 금융업에 오랜 기간 종사한 저자도 낯설은 상품이 계속 만들어지고 있다. 따라서 과거 문제가 됐던 상품들이 어떤 이유에서 문제가 됐는지 살펴보고 이해하는 것은 앞으로의 혹시나 있을 수 있는 당신의 투자 실패를 피하기 위한 필수적인 준비 과정이다.

투자자라면 앞으로 좀 더 신중하고 정확한 판단으로 투자하기를 바라는 마음으로 이 장을 정리했다.

01

(2008년) 키코KIKO—기업들 '낙아웃' 되다

— KIKO는 환율변동 리스크를 제한하는 상품과 거리가 멀다

출처 : KBS-유튜브

2008년 금융위기 당시 환율이 급등하면서 "키코Knock-In and Knock-Out ; KIKO" 라는 금융상품에 가입했던 기업 700여 곳이 약 2～3조 원의 피해를 입었다. 2020년 2월 금감원 분쟁조정위원회는 키코 투자기업의 분쟁조정 신청과 관련해 6개 은행을 상대로 피해기업 4곳에 255억 원을 배상하라고 권고했다. 오래된 상품이지만 많은 기업들에게 큰 피해를 준 상품이기에 살펴보지 않을 수 없었다.

금융감독원 홈페이지 알림 · 소식 보도자료(http://www.fss.or.kr/fss/kr/promo/bodobbs_list.jsp)에 가면 관련 자료가 있는데 누구나 참고할 수 있다. 보도자료 중에 'KIKO 거래현황 및 대책(2008. 8. 1)'을 살펴보자.

이제 금융시장에서 옵션은 모든 파생상품을 이해하는 데 기초가 된 지 오래이다. 우리나라 파생상품 시장은 1996년 5월 3일 코스피 200 선물을 시작으로 1997년 7월 옵션 시장이 개설되었다. 코스피 옵션은 한때 글로벌 거래량 1위를 기록할 정도로 성공가도를 달렸으나

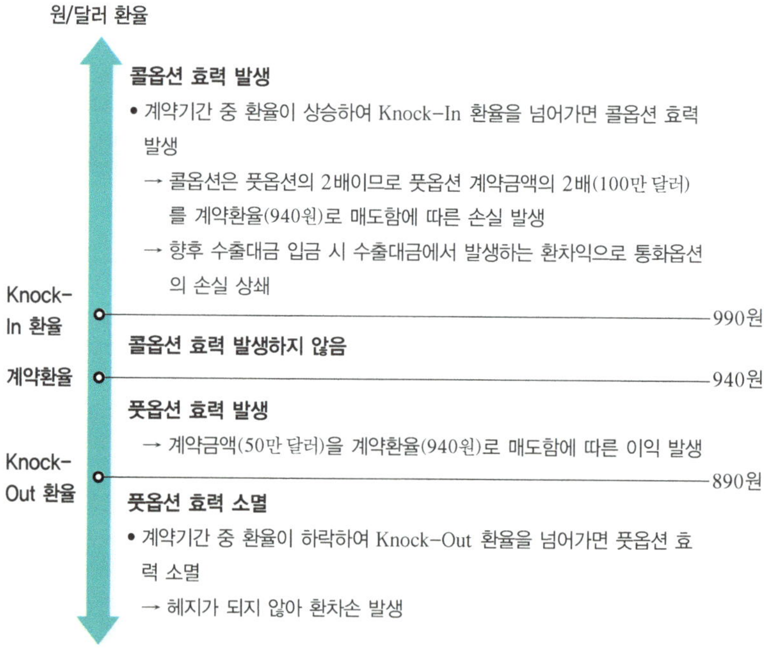

▲ **KIKO 상품구조 예시**(보도자료 참고)

여러 가지 이유로 인해 현재 10위권 밖으로 밀려난 것으로 기억한다.

2008년 당시 기업에서 키코를 가입한 업무담당자가 옵션을 이해하고 가입하기는 어려웠다고 본다. 왜냐하면 옵션은 실제 거래해 보지 않고는 이해하기 난해한 상품이기 때문이다. 그래서 앞의 그림에서 상품구조를 이해하기 쉽도록 풀어서 설명하였다.

이 상품은 환율 구간별로 손익이 결정되는 구조였는데, 자세히 살펴보면 아래와 같은 손익구조를 보인다. (이해하기 편하도록 50원 단위로 설명하였다)

1) **950원 이하 구간** : 계약이 해지되며 환율 하락에 따라 환차손이 발생한다.
2) **950~1,000원 구간** : 환율을 1,000원으로 결정하는 구간으로 환차익이 발생한다.
3) **1,000~1,050원 구간** : 시장 환율대로 결제되는 구간이다.
4) **1,050원 이상 구간** : 낙인구간이다. 콜옵션 매도 포지션 구간으로 손실배수가 2배이므로 환율이 상승할 때마다 2배로 손실이 발생한다.

우선 위와 같이 4가지 구간을 글로 설명했는데 그림으로 표현하면 다음과 비슷한 구조이다.

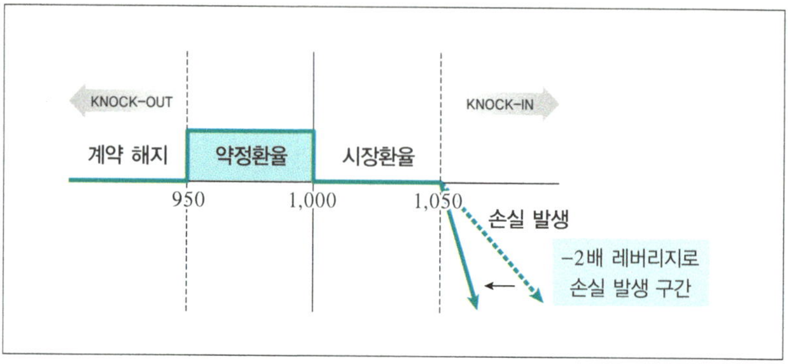

기업 입장에서는 환율이 950~1,000원 사이의 단지 50원 구간에서만 이득을 볼 수 있는 것이다.

그럼 키코 상품이 시장에 발행되고 나서 환율이 어떻게 움직였는지 살펴보자. 다음 그래프를 보면 놀라움을 금치 못한다.

▲ **키코**(KIKO) **상품 발행 전후의 원달러 환율 그래프**

2008년 기업들이 키코 상품에 가입할 당시 1,000원대 환율은 글로벌 금융위기로 2009년 3월 10일 1,597원까지 치솟는다. 앞의 그림에서 기업이 이득을 보는 구간은 회색 구간(950~1,000원 사이) 50원뿐인 것이다. 환율이 1,050원 위로 돌파하는 순간부터 기업들은 해당 환율에 -2배를 곱한 금액의 비율로 손실이 기하급수적으로 커지게 되는 구조였던 것이다.

단순화하면 이 상품은 고객에게 콜옵션 매도 포지션을 판매하고 기초자산 가격이 급등해서 콜옵션 가격의 폭등으로 낮은 가격에 매도한 옵션상품을 폭등한 가격에 환매수해야 하는 구조인 것이다. 결과적으로 이 상품은 환율이 950~1,000원 사이의 50원 변동구간에서만 이익이고 나머지 구간에서는 크게 손실이 날 수 있는 구조의 상품이다. 오히려 반대의 구조였다면 큰 수익이 날 수도 있었을 것이다.

금융시장 종사자라면 이 정도로 설명하면 대략 이해하겠지만 일반 기업의 담당자가 옵션 관련 상품을 정확히 이해하기는 어렵다.

〈사건의 교훈〉

이 상품을 이해하려면 원달러 환율의 전망과 콜옵션 및 풋옵션 같은 파생상품을 잘 이해해야 한다. 환율은 글로벌 경제상황에 따라 상대적으로 결정되는 것이기 때문에 정확히 예측하는 것은 불가능하다. 금융위기나 기타 불안한 이벤트가 발생하면 우리나라 환율은 외국인의 자금유출로 급등하는 경우가 있다. 언제 그런 상황이 발생할지, 외국인의 대규모 자금이 어떻게 흘러갈지 예상하기는 불가능하다. 앞에서 본 환율 그래프처럼 말이다. 또한 투자상품의 구조가 가입자에게 어떤 리스크 대비 리턴을 주는지 정확히 이해하고 가입 여부를 판단해야 한다. 키코와 같이 단순히 950~1,000원 구간에서만 이득이 가능하고 나머지 구간에서는 손실이 기하급수적으로 커질 수 있는 상품은 가입하지 않는 것이 좋다. 상품에 대한 정확한 이해는 기본이다.

콜옵션

옵션거래에서 특정한 기초자산을 만기일이나 만기일 이전에 미리 정한 행사가격으로 살 수 있는 권리

풋옵션

옵션거래에서 특정한 기초자산을 장래의 특정 시기에 미리 정한 가격으로 팔 수 있는 권리

[참고]

이 책의 성격상 옵션에 대해서는 간략히만 설명하였다. 좀 더 상세한 이해는 관련 분야 전문서적을 따로 참조하라.

02

(2009년) 도이치은행 ELS 주가조작 사건

— 증권집단소송 첫 승소 확정 사건

출처 : 서울경제TV-유튜브

최근 시장금리가 워낙 낮아지다 보니 조금이라도 더 높은 수익률의 투자상품을 찾는 이가 많다. 2007년에는 다소 높은 수익률의 ELS 상품이 많았고 관심도 많았던 것 같다.

2009년 도이치은행 ELS 주가조작 사건은 A증권이 2007년 발행한 ELS가 만기일에 기초자산 가격 하락으로 상환되지 못하면서 발생했다. 이 ELS는 삼성전자와 국민은행 보통주를 기초자산으로 하였는데, 만기평가일에 두 기초자산이 75% 이상이면 수익상환되는 구조였다.

하지만 만기일 장마감 직전 2시 50분부터 3시까지 도이치은행에서 국민은행 주식을 대량으로 시장가 매도하면서 주가가 급락하였고 ELS는 상환되지 못하였다. 이에 2012년 투자자 일부가 소송을 제기하였고 도이치은행이 항소를 취하하면서 개인투자자들이 최종 승소하게 됐다.

이 사건이 의미 있는 이유는 2005년 '증권집단소송제도'가 도입된 지 12년 만에 첫 승소 확정판결된 사례이기 때문이다. 증권집단소송의 경우 소송에 직접 참여하지 않는 피해자들도 자동으로 같은 판결의 효력이 발생해 소송을 제기한 사람들 외에 400여 명의 개인투자자들이 승소 판결의 영향을 함께 받았다.

〈사건의 교훈〉

증권시장에서 이번 ELS 사건과 비슷한 일은 심심치 않게 발생한다. 다음 절에서 설명할 옵션 쇼크 사태도 마찬가지다. 개인투자자들은 자금력과 정보력이 기관투자자에 비해 부족할 수밖에 없다 보니 이와 같은 일을 고스란히 당하고만 있는 경우가 있다. 하지만 2005년부터 위와 같은 증권집단소송제가 시행되고 있으니 부당한 피해를 입었을 경우에는 소액주주들이 함께 피해를 배상받을 수 있는 방안을 찾는 것도 개인투자자의 권리이다.

추가적으로 생각해 볼 것은 도이치 ELS 사태로 인한 소송에 참여한 사람들이 단지 10여 명에 불과했다는 사실이다. 나머지 수백 명의 피해자들은 잘 모르거나 해당 가입 금융기관의 안내만 믿고 손실을 떠안았을 것이다. 하지만 이제 개인투자자도 수준이 상당히 높아진 만큼 투자자로서의 권리를 꼭 행사하기 바란다.

가입한 금융상품이 상환이 안 된다거나 예상과 다른 부분이 있다면 최소한 한 두 군데 전문가를 통해서 확인을 하는 것도 방법이다.

투자의 최종 판단과 책임도 투자자에게 있으며, 부당한 피해를 당했을 때 보상받을 권리 또한 투자자에게 있다.

증권집단소송제

2005년부터 시행되었으며 기업의 분식 회계, 허위 공시, 주가 조작, 내부자 거래 등으로 소액 주주들이 피해를 입었을 경우, 피해자 중 한 사람이 소송을 제기하여 이기면 나머지 피해 투자자들도 동일하게 보상받을 수 있는 제도를 말한다.

03

(2010년) 11월 11일 도이치은행 옵션 쇼크 사태

— 빼빼로데이 옵션 시장 충격

출처 : SBS-유튜브

이 이야기는 10년 전으로 가야 한다. 당시 저자도 증권회사에서 딜링을 하고 있었기 때문에 이날의 기억이 생생하다.

2010년 11월 11일 목요일이었다. 둘째 주 목요일이었기 때문에 코스피 옵션 만기일이었는데 마감 동시호가(2시 50분 ~ 3시)에 프로그램 매매로 대량의 매물(약 2조 4,400억 원)이 출회되었다. 보통 만기일 종가에 수천억 원 정도가 매물로 나오는 경우는 있지만 2조 원이 넘는 매물은 비정상적인 수준의 큰 물량이다. 이로 인해 코스피 종가는 동시호가에만 약 53포인트 폭락하였다. 만기일에 결제가 되지 않았어야 하는 외가격OTM 풋옵션 가격이 500배 폭등하는 결과가 발생했다. 조사 결과 이는 도이치은행과 증권이 계획한 사건임이 밝혀졌다.

아래의 구조도를 보면 도이치은행 홍콩지점의 지수차익거래팀ASG이 만기일 코스피 시장에서 11억 원의 풋옵션을 매수한 뒤 마감 직전 동시호가에 코스피 주식 2조 4,400억 원을 매도해서 주가를 폭락시킨다. 몇 개의 국내 증권사 및 운용사에서 피해가 컸는데 당시 'W에셋'이라는 운용사가 900억 원의 손실을 입고 파산한다. 물론 기타 국내 금융기관들도 크고 작은 손실을 입었던 것으로 기억한다.

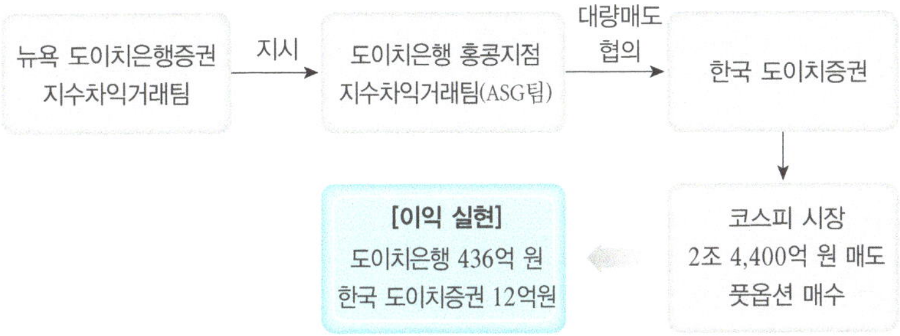

▲ **11월 11일 옵션 쇼크 흐름**

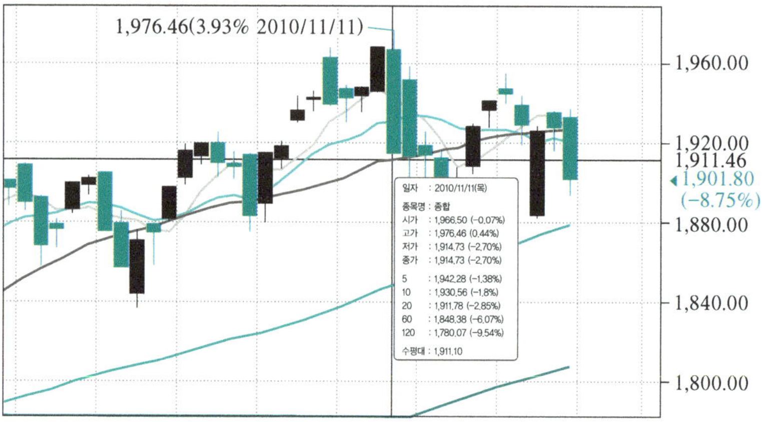

▲ 당일 일봉으로 보니 장대 음봉이 표현되는데 마감 동시호가에 폭락 영향이다.

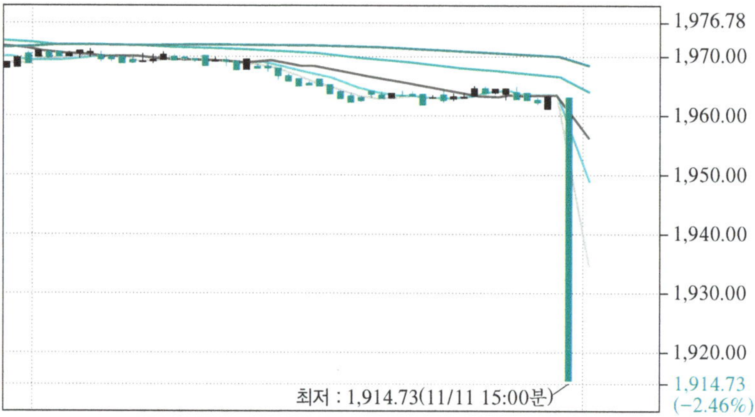

▲ 당일 마감 종가에만 약 53포인트 코스피 지수가 하락했다.

2000년대 초 국내 코스피 시장에 프로그램 매매 차익거래가 처음 시작되었을 때가 기억난다. 당시 일본 증권사에서 사용하는 프로그램 매매 시스템을 복제한 시스템들이 있었는데 위의 그림과 같이 마감 동시호가에 2조 원이 넘는 매물을 한 번에 주문처리하는 것이 기관들은 가능했다. 하지만 시장에 충격을 주게 되면 문제가 된다. 하락을 의도한 것이기 때문이다.

당시 사건을 프로그램 청산 메커니즘에 기초해 추측해 보자. 우선 위와 같이 만기일 2조 원이 넘는 주식을 갖고 있어야 한다. 물론 주식을 빌려서(대주) 하는 방법도 있다. 홍콩 ASG팀은 해당 옵션 만기일 전까지 꾸준히 매수차익 거래 프로그램 매매를 수행했을 것이다. 주식을 사고 선물을 매도하는 거래이다. 즉, 주식 2조 4천억 원에 대한 금액만큼 선물을 매도하는 것이다. 옵션 만기일이므로 합성선물로 매도를 만들었을 수 있으나 차익거래를 진입할 때는 여러 가지 이유로 선물을 사용한다. 그리고 나서 청산일이 옵션 만기일이라면 선물을 합성선물로 교체한다. 컨버전(선물 매수 + 콜매도 + 풋매수)이라는 방식을 사용하는데, 기존에 보유한 선물 매도 포지션과 선물 매수 포지션이 상쇄되고 나면 (콜매도 + 풋매수)인 합성선물 매도만 남게 되는 것이다. 당일이 옵션 만기일이므로 코스피200 종가로 모든 옵션은 결제되어 없어지고, 갖고 있는 주식은 종가로 매도처리했을 것이다. 바로 이 매도물량이 2조 4,400억 원이었던 것이다. 홍콩 ASG팀이 미리 매도할 대량의 주식을 갖고 있었으므로 본인들은 코스피 종가가 폭락할 것임을 알고 싼 가격의 저가 풋옵션을 매수한 것이다.

비교적 단순하지만 대량의 자금을 운용하는 금융기관에서 벌어질 수 있는 일이다. 국내 코스피 시장은 보통 만기일에 수백 억~수천 억

원 정도의 마감 동시호가 매물이 출회된다. 수조 원의 금액은 우리나라 코스피 시장이 받아내기 무리한 금액이다. 시장에 큰 충격(동시호가 53 포인트 급락)은 이렇게 발생한 것이다.

〈사건의 교훈〉

개인투자자라면 매월 둘째주 옵션 만기일과 3, 6, 9, 12월 선물옵션 동시 만기에 투자할 때는 관심 있게 시장을 살펴보는 것이 좋다. 보통 만기일에는 증권사, 운용사 및 외국인 투자자 등 기관투자자들이 포지션을 조정 및 청산하거나 롤오버한다. 따라서 큰 금액의 펀드 가입이나 청산은 만기일을 피하는 것도 방법이다. 종가가 예상과 달리 큰 폭으로 급등락할 가능성이 있으니 말이다.

프로그램 매매

주식을 대량으로 거래하는 기관투자자들이 일정한 전산 프로그램에 따라 수십 종목씩 주식을 묶어서(바스켓) 거래하는 것을 말한다. 매도나 매수에 대한 의사결정은 매매자가 하지만 나머지 모든 과정은 시스템이 알아서 하는 식이다. 프로그램 매매는 지수차익 거래와 비차익거래로 구분할 수 있다.

지수차익 거래

한국주가지수 200 구성종목의 주식집단과 한국주가지수 200에 대한 선물거래 종목 또는 옵션거래 종목 간 가격차이를 이용하여 이익을 얻을 목적으로 주식집단과 선물거래 종목 또는 옵션거래 종목을 연계하여 거래하는 것으로, 세칙으로 정한다.

비차익거래

동일인(신탁과 고유 분리, 신탁은 펀드별로 분류)이 일시에 한국주가지수 200 구성종목 중 일정한 수(15개) 이상의 종목을 거래하는 것

컨버전

선물 매수 포지션과 합성선물 매도(콜옵션 매도 및 풋옵션 매수) 포지션을 합성한 것을 말한다.

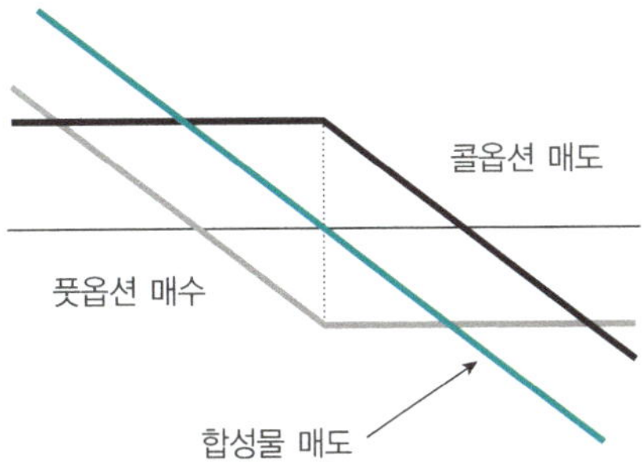

▲ **합성선물 매도 포지션**

리버설

선물 매도 포지션과 콜옵션 매수 및 풋옵션 매도 포지션을 합성한 것을 말한다.

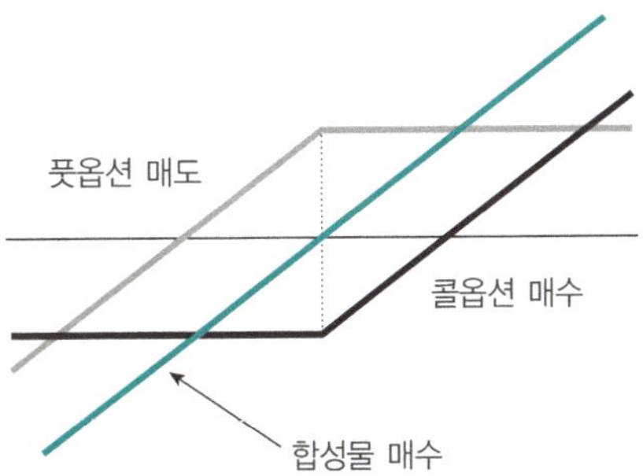

▲ **합성선물 매수 포지션**

04

(2011년) '중국 고섬' 사태—하한가 상장폐지

— 2011년 주식예탁증서[DR] 형태로 상장한 '중국 고섬'의 허위 증권신고서가 문제

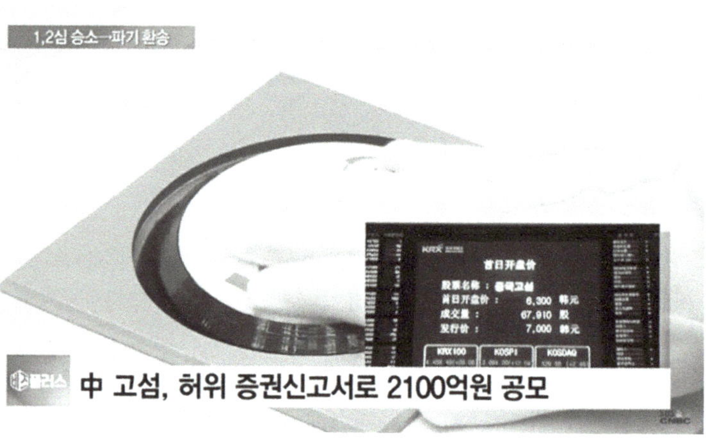

출처 : 비즈플러스 - 유튜브

이 사건은 해외 기업의 국내 상장과 관련한 분식회계 사건이다. 최근에는 개인들도 증권사 HTS를 통해 해외 주식 거래를 편리하게 할 수 있다. 10년 전만 하더라도 지금보다 정보가 상당히 제한되어 있어 개인투자자에게 훨씬 불리한 투자환경이었다. 이러한 상황에서 발생한 것이 '중국 고섬' 사태이다. '중국 고섬' 사태는 투자자들에게 약 2천억 원대의 손실을 안겼는데, 2020년 2월 27일 긴 소송전 끝에 대법원

은 1, 2심과 달리 주관사인 증권사의 책임을 인정해 과징금을 부과했다. 주관사를 믿고 시장에 진입한 만큼 주관사에게 투자자들에 대한 보호 의무 책임이 있다는 것이다.

'중국 고섬' 사태는 2011년 1월 25일 유가증권시장에 상장됐던 '중국 고섬(950070)'이 분식회계 사실이 드러나 2개월 만에 거래가 정지되고, 2013년 10월 결국 상장폐지됐던 사건이다. 당시 상장으로 약 2천억 원의 자금을 조달했는데 원주가 상장되어 있는 싱가포르거래소 SGX에서 분식회계 의혹으로 3월 21일 거래가 정지된다. 그런데 문제는 우리나라 증시에서 다음날 22일 오전 10시까지 거래가 이루어지면서 하한가로 떨어지고 매매정지가 되었다는 것이다. 이로 인해 투자자들이 입은 피해는 약 2,100억 원에 달하는 것으로 추산됐다. 10년 전으로 본다면 상당히 큰 금액이라 할 수 있다.

〈사건의 교훈〉

국내 주식 투자와 달리 해외 주식 투자는 수익에 대하여 양도세 20%가 발생한다. 또한 해당 주식 국가의 화폐로 환전을 해야 한다. 환율을 고려해야 한다는 것이다. 기업분석 또한 쉽지 않다. 물론 잘 알려진 유명 해외 기업은 증권사 레포트가 있으나 신생 기업은 이 또한 없을 수 있고 마케팅용 자료만 있을 수 있다. '중국 고섬' 사태는 원주는 싱가포르거래소에서 거래되고 DR 형태로 국내 시장에 거래되다 상장폐지된 사례다.

첫째, 신규 상장 종목에 대한 투자는 주의해야 한다.

주식을 상장하고 발행하는 이유는 자금을 조달하기 위해서이다. 신규 상장한 기업일수록 변수가 많다. 증자, 감자, 보호예수 해제, 전환사채 발행 등 생각지 못했던 변수가 발생할 확률이 높다.

둘째, 기업에 대한 기본적 분석이 어려운 종목에 대한 투자는 신중해야 한다. 개인투자자는 애널리스트가 아니다. 설사 그렇다 하더라도 블랙스완 같은 이벤트를 미리 알 수는 없다. 신흥국 주식에 대한 투자는 선진국 주식을 투자하면서 일부 분산투자하는 방법으로 해야 리스크를 줄일 수 있다.

DR^Depositary receipts, 주식예탁증서^

주식예탁증서^DR^는 기업이 해외의 증권거래소에 주식을 상장하는 경우 활용하는 것으로, 원주는 본국에 소재한 금융기관에 상장 보관하고, 해외의 투자자에게는 원주에 대한 소유권을 인정하는 표시로서 발행하여 주는 증서를 말한다. 발행지역에 따라 분류되는데, 미국에서 발행하면 ADR^American Depositary Receipts^, 유럽에서 발행하면 EDR^European Depositary Receipts^, 미국과 유럽 등 여러 시장에서 발행하면 GDR^Global Depositary Receipts^이라고 표기한다.

DR 발행 방식

1) 신주 DR 발행

해외에서 DR을 신규로 발행하는 것으로 유상증자의 개념으로 보면 된다. 유통주식 수가 증가하고 자본이 증가되는 경우이다. 2005년 LG필립스 LCD가 미국 ADR 발행 시 신주 ADR 형태로 발행했다.

2) 구주 DR 발행

기존 주식을 해외 DR로 전환하여 상장하는 것이다. 해당 금액만큼의 주식을 한국 주식시장에서 매수 후 DR로 전환하여 해당국에 상장하는 방식이다. 2005년 POSCO가 도쿄 증시 상장 시 구주 JDR 형태로 발행했다.

05

(2018년) 미국 금리연동펀드(뱅크론)—미국 금리와 연동 안 되는 펀드

— 2016년부터 금리 인상기 수혜주로 금융권에서 홍보되며 판매되었으나 미국 금리 상승과 연동되지 않는 흐름을 보였고, 펀드 디폴트 문제로까지 이어지게 되었다.

[단독] 美금리인상 수혜라더니… 뱅크론펀드 디폴트
파이낸셜뉴스 2018.06.22. 네이버뉴스
무엇보다 이번 사태로 인해 미국발 **금리인상 수혜** 테마펀드로 거론된 다른 뱅크론 펀드에서 펀드런이 발생할 수 있다는 우려가 나온다. 일각에서는 펀드가 직접 기업들에 대한 대출을 진행함에 따라 발생할 수 있는...

출처 : 네이버

결론부터 얘기하면 이 상품의 수익률 흐름은 펀드명처럼 미국 금리와 연동되는 구조가 아니다.

이 상품을 알게 되었을 때 펀드명이 잘못 지어진 것 같다고 생각했던 기억이 난다. 2017년 후반기부터 미국 금리 인상기 수혜주라고 기사화되었던 상품이다. 보통 시니어론, 뱅크론, 레버리지론, 플로팅 레이트론, 시니어 시큐어드론 등 여러 가지로 불리는데 모두 비슷한 의미이다. 2016~2017년 사이 미국 금리 인상기에 유망한 투자상품으로 소개되며 큰 인기를 끌었으나 결과는 좋지 않았다.

이 상품을 미국 금리 상승과 연동된다고 생각하면 상품을 잘못 이해하는 것이다. 시니어론은 미국 기준금리나 시장금리 상승과 직접 연동이 되는 구조가 아니다. 예를 들어 A와 "연동"이라는 의미는 (A × 기준금리) 혹은 (A + 기준금리)와 같이 기본적으로 산술식에 근접하는 상관관계correlation가 있어야 한다. 그러나 시니어론을 주력 투자상품으로 투자하는 뱅크론 펀드의 기준가는 미국 금리와 연동되는 것이 아니라 S&P LSTA Leverage loan Index 100이나 CSLA Leverage loan Index를 추종하게 되어 있다. 즉, 금리와 연동이 아니라 레버리지론으로 구성된 인덱스Leverage loan Index를 추종할 뿐이다. 어찌 보면 당연한 것이 레버리지론에 투자하는 펀드이기 때문이다.

이 상품의 구조는 담보가 잡혀 있는 트리플 B- 이하의 하이일드 채권에 투자하면서 상품 안에 설정한 일정한 수익구조 이상의(리보금리가 리보플로어를 넘어설 경우 추가 수익을 주는 구조) 상황에서 추가 수익이 발생하는 구조이다.

다음 그림은 리보금리 차트이다. 2008년 금융위기 이후 리보금리가 시장 평균 리보플로어(약 1%)를 돌파한 적은 2017년까지 단 한 번도 없었다. 즉, 뱅크론 펀드는 과거 10년간 플러스알파+α 추가 수익을 고객에게 준 적이 없었다. 10년간 단 한 번도 나타나지 않는 추가 수익을 기대하는 것은 가능성이 낮다고 봐야 할 것이다.

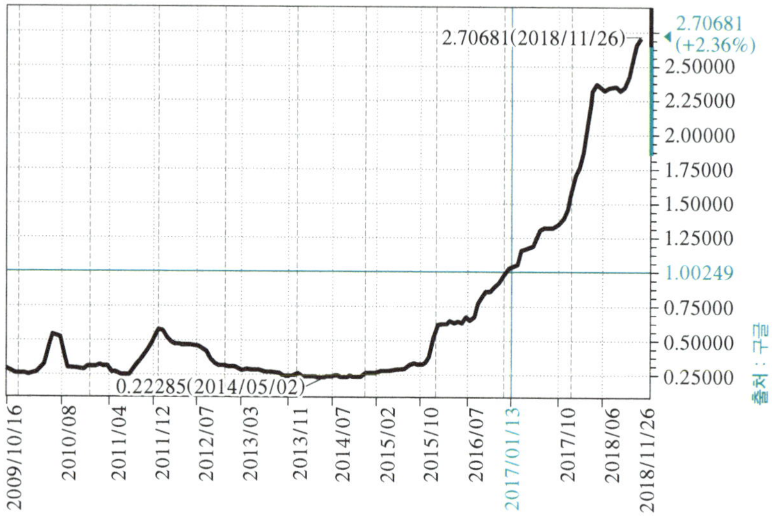

▲ **리보금리 흐름**

다음으로 시니어론 금리를 보자.

시니어론 금리 = Max(Libor or Libor Floor) + 가산금리(고정 신용스프레드)

리보금리와 리보플로어 금리 중 높은 금리에 고정된 가산금리를 더하고 있다. 즉, 리보플로어를 돌파하지 못하면 (리보금리 + 가산금리)로서 고정금리이다.

결과적으로 미국 금리 상승과 연동되는 부분은 없다고 볼 수 있다. 연동된다면 리보금리가 리보플로어를 넘어섰을 때 연동되겠으나 기본적으로 리보금리는 은행 간 금리로 가파르게 오르지 않는다. 2017년 이후 이례적으로 급등한 것은 프라임 MMF 환매 영향이었고 특별한 상황이었다.

2021년 이후 리보금리는 담합사건으로 인하여 대체금리로 바뀔 것이다. 내용은 아래에 자세히 정리해 드렸다. 뱅크론 펀드 상품들이 리보금리 변경으로 인하여 어떻게 변경될 것인지 운용사 측에 직접 문의하였으나 확정된 것이 없다는 답변을 받았다.

〈사건의 교훈〉

시니어론 펀드인 소위 '미국 금리 연동 펀드'는 미국 금리의 상승과 하락에 따라 기준가가 바로 연동되어 움직이지는 않는다. 미국이나 유럽의 시니어론 인덱스를 따라 움직인다고 보면 정확하다. 따라서 금리 인상기에 유망하다는 것과는 거리가 있을 수 있다. 시니어론의 만기상환 회수율이 높고 경기가 양호하다면 완만한 수준의 수익률을 예측해 볼 수는 있다.

리보금리London inter-bank offered rate

국제 금융시장의 중심지인 영국 런던의 은행 등 금융기관끼리 단기자금을 거래할 때 적용하는 금리로, 유로달러 시장이 국제금융에 커다란 역할을 하고 있어 세계 각국의 금리 결정에 주요 기준이 되고 있다.

리보금리 대체 관련한 사항

LIBOR는 런던 은행 간 시장에서 형성되는 주요 은행의 이자율 평균치로 산출된다. 5개 통화(USD, GBP, EUR, CHF, JPY) 기반 금리로 산출되며, 호가 제출 은행은 약 15개 은행으로 구성된다. 2012년 UBS, 바클레이스 등 10여 개 은행이 수년간 담합해 리보금리를 낮춘 사실이 드러나자 미국 금융당국은 100억 달러 이상의 벌금을 부과하였다. 이는 리보의 신뢰성이 무너지는 계기가 되었고 2021년 이후 대체금리로 교체될 예정이다. 미국은 SOFA[Secured Overnight Financial Rate], 영국은 SONIA[Sterling Overnight Index Average]로 대체금리를 개발 중에 있다고 한다.

06

(2018년) 증권사 배당주 공매도 사건
— 유령 주식의 출현

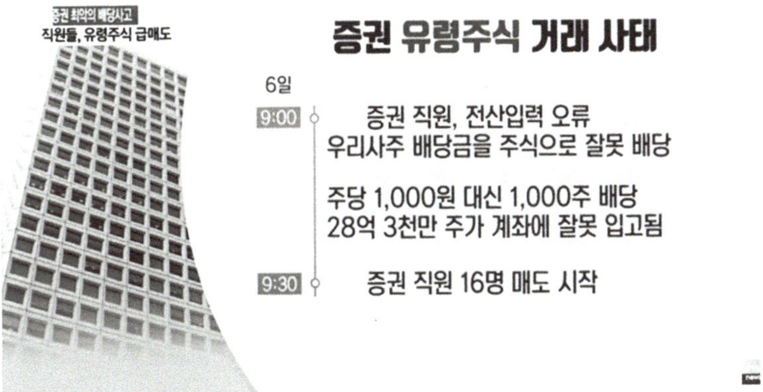

출처 : YTN

이 사건은 2018년 국내 주식시장에 커다란 혼란을 준 대표적인 사건이다. 대형 증권사에서 배당금 지급에 오류가 발생하면서 실제 존재하지 않는 주식이 시장에서 거래된 것이다. 흔히 기울어진 운동장으로 자주 언급되는 공매도 문제와도 연계된 사건이다.

2018년 4월 6일 A증권은 배당금(주당 1,000원)을 배당주(주당 1,000주)로 잘못 처리해 가상의 주식 약 28억 주를 직원들 계좌로 잘못 입고처리하였다. 그중 약 501만 주가 직원들의 매도로 시장에서 실제

거래되면서 해당 증권사 주가가 급락하고 주식시장은 큰 혼란에 빠졌다. 말 그대로 유령주식이 주식시장에서 거래되는 초유의 사태가 발생한 것이다. 당시 우리나라 증권시장 시스템의 취약성을 그대로 보여준 것이고, 증권시장 신뢰를 크게 훼손시킨 사건이었다.

공매도에는 아래와 같이 두 가지 방식이 있다.

무차입 공매도 Naked short selling

가상의 주식을 팔고 나서 결제 시점에 주식을 빌리거나 다시 사들여 반환하는 방식

차입 공매도 Covered short selling

주식을 먼저 빌린 후에 매도하고 차후에 다시 매수short covering하여 갚는 방식

국내 자본시장법에서는 무차입 공매도는 허용하지 않고 차입 공매도만이 가능하다. 즉, 주식이 없는 상태에서는 매도를 할 수 없는 것이다. 국내 기관이나 외국인은 한국예탁결제원이나 증권금융 등에 증거금을 납부하고 주식을 빌려야 한다.

하지만 이 사건으로 그동안 아무도 관심을 갖지 않았던 근본적인 문제가 있다는 것을 알게 되었다. 무엇보다 주식시장에서 개별 주식들의 시가총액과 주식거래 총량이 일치하는지 확인이 어렵다는 문제점

을 노출했다. 즉, 개별 고객들의 계좌주식 총량과 예탁원에서 관리하는 기업의 발행주식 총량이 일치하는지 정확히 알 수가 없다는 것이다.

해당 증권사에서 매도된 유령의 주식은 차입해서 매도한 차입 공매도가 아니다. 직원 실수로 입고된 유령주식이었던 것인데 시스템에서 매도 주문이 정상적으로 실행됐고, 나아가 시장에서 그대로 체결이 된 것이다. 상식적으로 이해하기 힘든 일이 국내 초대형 증권사에서 너무나도 쉽게 벌어진 것이다.

당시 해당 증권사 주식의 급락으로 피해를 본 고객에게는 일부 보상처리를 한 것으로 보도되었다. 하지만 그보다 근본적인 문제는 가상의 주식이 거래되어도 증권시장에서 쉽게 알 수가 없다는 점이다. 이 사건은 대량의 주식이 한 번에 매도가 나오면서 시장에서 금방 알 수 있었지만, 만약 적은 수량의 가짜 주식이 시장에 매도되었다고 하면 어떻게 되었을지 궁금하기만 하다.

〈사건의 교훈〉

사실 이 사건은 우리나라 증권시장의 신뢰를 뿌리채 흔든 사건이라 해도 과언이 아니다. 단순히 직원의 입력 오류 실수라던가 일부 직원의 배당주식 매도가 이 사건의 본질은 아닐 것이기 때문이다.

07

(2019년) 파생결합펀드DLF—만기상환 100%가 아닌 손실 100% 가능

— 선진국 금리를 기초자산으로 발행되었는데 원금 전액 손실까지 가는 레버리지 구조의 고위험 상품이었다. 기초자산인 금리에 대한 정확한 이해가 필요한 상품이다.

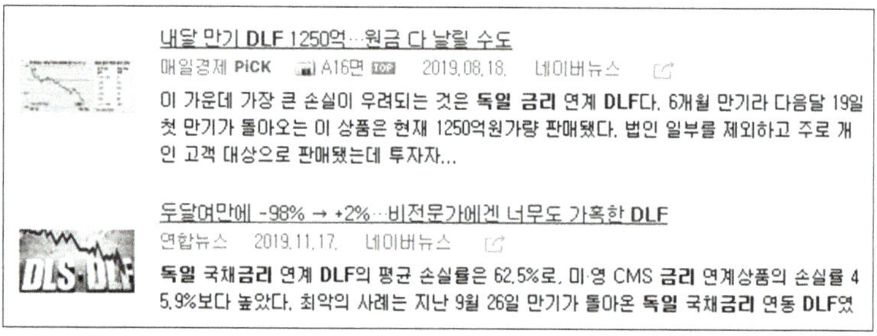
내달 만기 DLF 1250억…원금 다 날릴 수도
매일경제 PiCK A16면 TOP 2019.08.18. 네이버뉴스
이 가운데 가장 큰 손실이 우려되는 것은 **독일 금리** 연계 **DLF**다. 6개월 만기라 다음달 19일 첫 만기가 돌아오는 이 상품은 현재 1250억원가량 판매됐다. 법인 일부를 제외하고 주로 개인 고객 대상으로 판매됐는데 투자자...

두달여만에 -98% → +2%…비전문가에겐 너무도 가혹한 DLF
연합뉴스 2019.11.17. 네이버뉴스
독일 국채**금리** 연계 **DLF**의 평균 손실률은 62.5%로, 미·영 CMS **금리** 연계상품의 손실률 45.9%보다 높았다. 최악의 사례는 지난 9월 26일 만기가 돌아온 **독일** 국채**금리** 연동 **DLF**였

출처 : 네이버

파생결합펀드는 2019년 8월부터 뉴스에서 자주 나오다가 9월쯤 금융권을 강타(?)한 상품이다. 자세히 알아보겠지만 기초자산 설정부터 난해한 상품이다. 두 번째 기사 제목에 '비전문가에겐 너무도 가혹한 DLF' 라고 되어 있다. 명심하자. 본인이 모르는 상품에는 절대 가입하면 안 된다.

두 가지 상품이 문제되었는데 하나씩 살펴보자. 역시 금융감독원 홈페이지 알림 · 소식 보도자료(http://www.fss.or.kr/fss/kr/promo/bodobbs_list.jsp)에 가면 관련 자료가 있다.

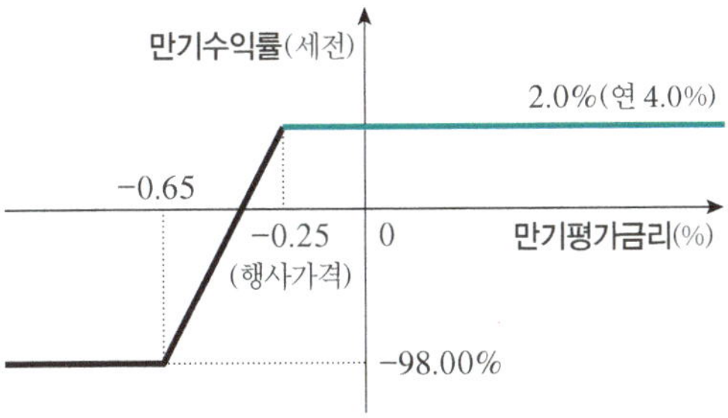

▲ **손익구조 그래프**(예시, 보도자료 참고)

이 상품은 독일 국채 10년물 금리를 기초자산으로 발행한 상품이다. 위의 손익구조 그래프를 보면 −0.65% 이하로 가면 −98% 손실이다. 거의 전액 손실로 보면 된다. 그럼 독일 국채 금리가 어떻게 움직이는지 살펴보자.

다음 페이지의 그림은 2020년 1월 29일 기준 독일 국채 금리 그래프이다. 2019년 8월～9월 사이에 장중 최저 −0.79%까지 내려갔던 것을 볼 수 있다. 근처에서 상환된 DLF 상품들은 모두 전액 손실인 것이다. 왜 이런 현상이 발생한 걸까?

당시 글로벌 경기는 소위 R[Recession, 경기침체]의 공포로 인하여 주식시장이 하락하는 시기였고, 장기채권(10년물)의 금리가 빠르게 떨어지는 시기였다. 장기적으로 금융시장의 불황이 예상될 경우 시장의 자금은 단기상품에서 장기상품으로 전환된다. 다시 말해서 단기채권 비중을 축소해서 장기채권 비중을 확대한다. 이것을 '듀레이션'을 확대한

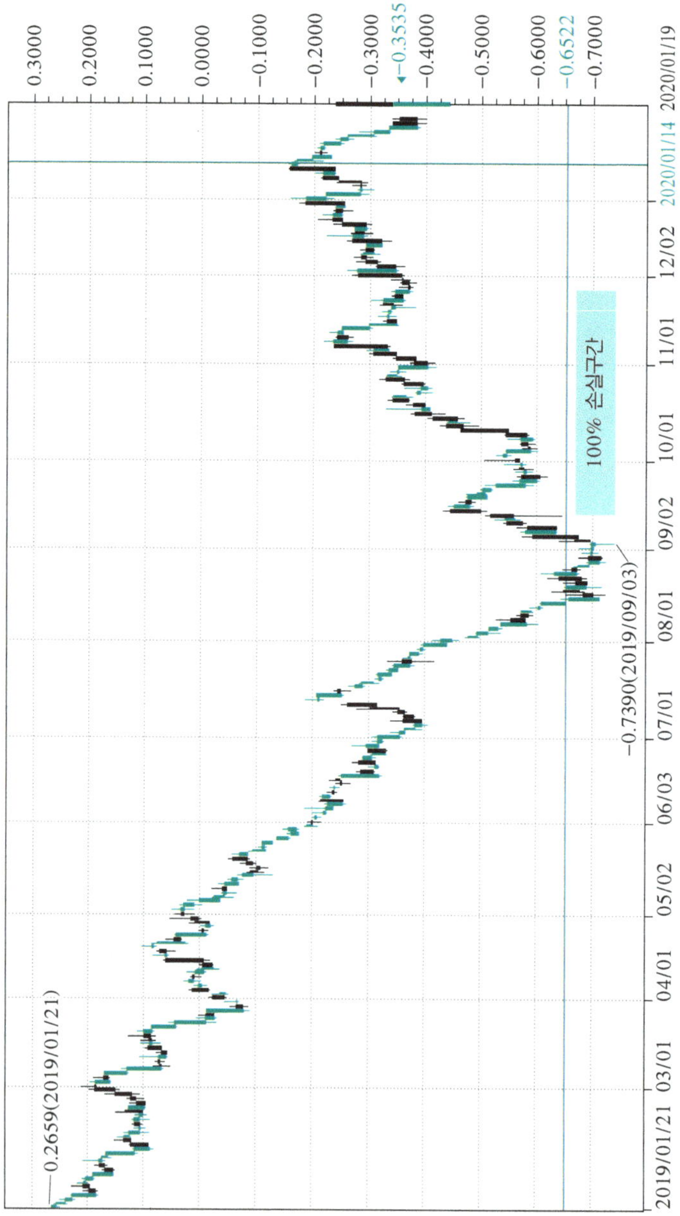

출처 : 구글

▲ 독일 국채 금리 흐름

다고 한다. 듀레이션이 길수록 금리 하락에 따른 채권 가격 상승폭이 커진다. 단순하게 금리 하락기에는 만기가 긴 채권의 수익률이 좋다고 이해하면 된다.

여기서 생각해 볼 것이 있다. 바로 금리가 얼마까지 내려갈 수 있느냐는 것이다. 아이러니하게도 이론상 불가능한 것이 현실에는 존재한다. 장기채 금리는 (–)까지 크게 떨어질 수 있다. 장기채권을 매수하려는 수요가 몰리게 되면 쿠폰이 없는 무이자 채권(제로쿠폰 본드)을 비싼 가격에 살수밖에 없는 것이다. 단순히 선진국 독일 국채가 안전하다고 생각하는 것과는 다른 이야기이다.

채권 가격 변화에 따른 무이표 채권의 10년 만기 수익률 비교

채권 가격	이표율	자본차익	총수익	YTM(만기수익률)
10,300	0	–300	–300	–3.00%
10,200	0	–200	–200	–2.00%
10,100	0	–100	–100	–1.00%
10,000	0	0	0	0.00%
9,900	0	100	100	1.00%

간단히 표를 만들어 생각해 보자. 위의 표에서처럼 이표가 없는 채권의 10년 만기 수익률은 기간 비용 발생으로 인해 무조건 (–)손실이다. 생각해 보자. 10년 후에 1만 원으로 돌려받을 상품을 지금 1만 원에 사서 10년 동안 기다리는 사람이 어디 있겠는가? 그런데 유럽 채권

은 현재 그런 상태이다. 이표가 없음에도 발행가보다 비싼 가격에 매수해야 하는 상황이다. 그래서 현실에서 (-)금리이다. 더구나 문제가 된 위의 상품은 손실배수를 적용한 상품이었다. 금리가 내려갈수록 손실배수를 -200 ~ -333배까지 적용하는 구조였던 것이다(정확한 손실배수는 아니며 언론에 보도된 자료 등을 참고로 추측한 것이다).

파생상품 쪽에서는 이러한 리스크를 '핀 리스크Pin Risk' 라 하는데, 뾰족한 핀으로 누른다는 의미를 내포한다. 시장에 나와 있는 초고위험 레버리지 상품이라고 보면 된다. 일정 구간 아래로 가면 레버리지만큼 손실이 급격히 커진다. 그런데 레버리지가 -333배까지 간다면 어떨까? 파생상품이 낯선 일반 개인투자자라면 이해가 쉽게 되지 않을 것이다.

그럼 이 상품의 마케팅 자료를 살펴보자(우측 그림).

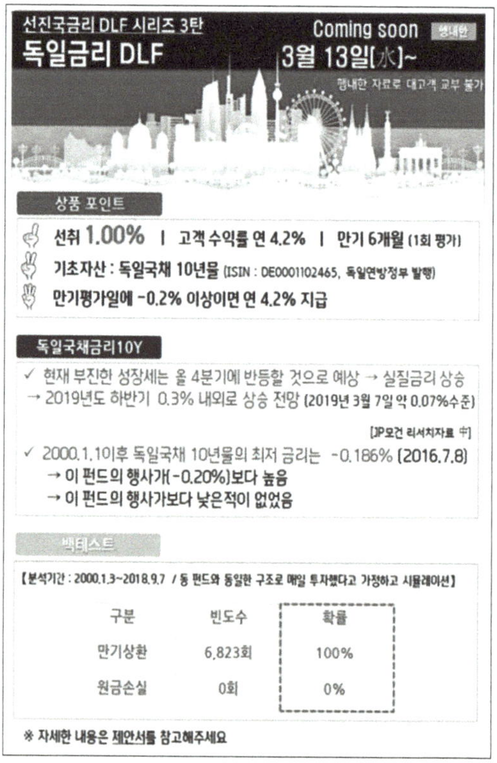

출처 : 보도자료 참고

백테스트 부분에 만기상환 "확률 100%" 라는 것이 보이는데, 기초자산인 독일 국채 금리가 행사가격 -0.2% 아래로 가지 않을 것임이 100%라고 오인할 수 있을 듯하다.

결론적으로 독일 국채라는 선진국 금리가 일정 수준의 마이너스 금리 이하로는 가지 않을 거라는 생각에서 기초자산이 설정되었다고 보이고, 상품에 내재되어 있는 레버리지 리스크는 개인투자자 입장에서는 알기 어려운 상품이었던 것이다.

두 번째로 살펴볼 상품은 영미 DLF로 독일 국채 금리 DLF보다 더 실망스러운 상품이다.

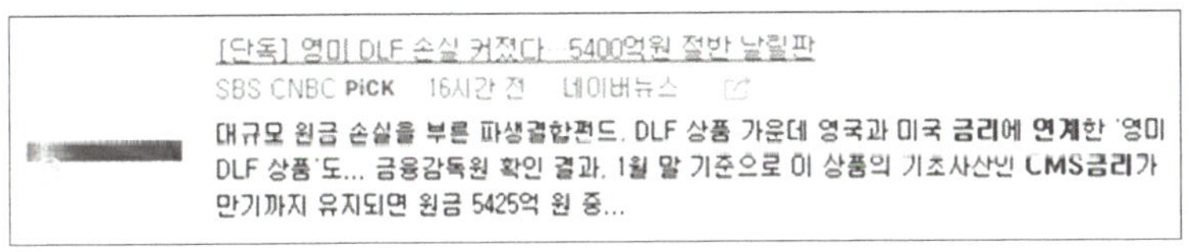
[단독] 영미 DLF 손실 커졌다…5400억원 절반 날릴판
SBS CNBC PiCK 16시간 전 네이버뉴스
대규모 원금 손실을 부른 파생결합펀드, DLF 상품 가운데 영국과 미국 금리에 연계한 '영미 DLF 상품'도... 금융감독원 확인 결과, 1월 말 기준으로 이 상품의 기초자산인 CMS금리가 만기까지 유지되면 원금 5425억 원 중...

출처 : 네이버

영미 DLF는 2019년 8월에 독일 국채 금리 DLF와 함께 문제가 되기 시작했다. DLF의 기초자산은 USD CMS 5년, GBP CMS 7년 금리이다. 언론에 보도된 것처럼 영국은 2020년 1월 31일자로 유럽연합에서 탈퇴하는 브렉시트가 시행되었다. 물론 연말까지 이행기간(무역 및 관세 등 협의 기간)이 정해져 있다. 영국은 자존심의 나라이다. 유로화를 쓰지 않고 파운드화를 쓴다. 과거 초기 금본위제에서는 런던이 세계 무역금융의 중심이었으나 지금은 미국이다. 하지만 이런 영국의 CMS 금리라고 해서 급격히 하락하지 않을 이유는 없다. CMS 금리는 이자율 스왑 시행 시 사용되는 가상의 금리이다.

우선 개인투자자들이 두 가지 CMSConstant Maturity Swap 금리를 이해하고 상품에 가입하기 어려웠을 것이다. CMS 금리는 리스크를 헤지하려는 사람이 금리를 변경하고자 할 때(이자율 스왑이라고 한다) 사용하는 가상의 금리이다. 예를 들어 5년 만기 변동금리로 대출을 받았는데 금리가 계속 올라 새로이 5년으로 만기가 고정된 금리로 전환하려고 할 때 사용하는 금리라고 생각하면 된다. 금리 숫자가 고정이 아니라 만기가 고정이다. 단순하게 미국 5년 만기 국채 금리와 5년 만기 CMS 금리는 거의 90% 이상의 상관관계를 가지고 움직인다. 미 국채 금리가 하락하면 따라서 하락하는 것이다.

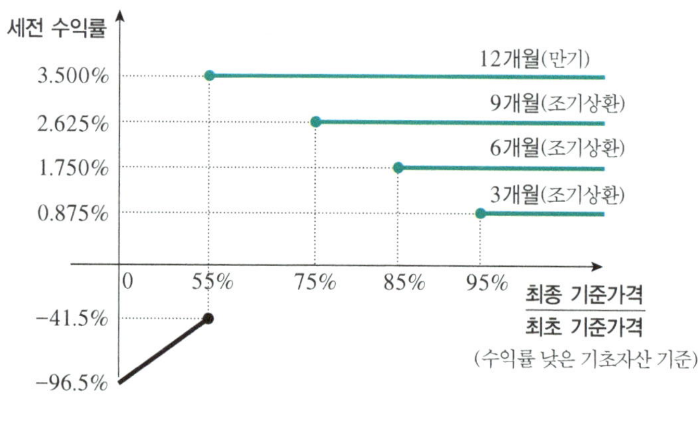

▲ **손익구조 그래프**(예시, 보도자료 참고)

앞의 그림 상품을 보면 최초 기준가격 대비 -55% 이상 하락하면 -41.5% 이상 손실이 나도록 되어 있다.

그럼 CMS 금리가 어떻게 움직였는지 살펴보자. 인터넷에서 쉽게 조회가 된다. 2019년 초에 3% 정도 하던 금리가 8월에는 1.36%까지 하락한 것을 볼 수 있다. 절반 이상 하락했으므로 2019년 초에 가입한 투자자는 -41.5% 이상 손실이다. 물론 상품마다 만기가 다르므로 해당 시점에 만기를 맞았다면 말이다. 그래도 너무 가혹하지 않은가?

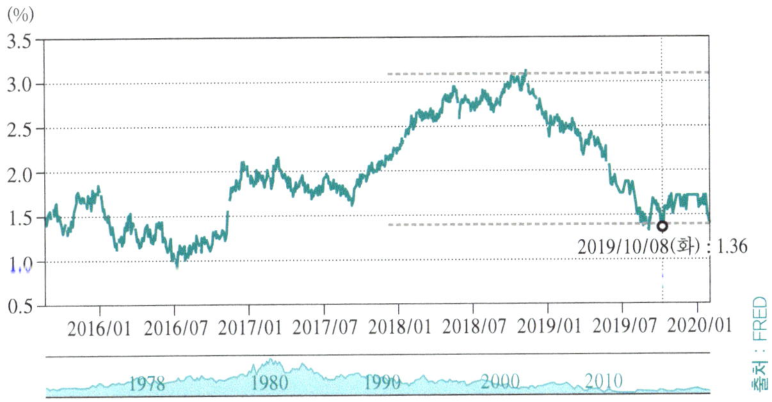

▲ **USD CMS 5년 금리**

위 그림의 CMS 금리와 다음 페이지의 미 국채 5년 금리 차트를 실제로 비교해 보자. 그래프의 장기 흐름이 거의 유사한 흐름으로 움직인다. 금리 수준도 동일하다.

이 상품의 기초 자산인 CMS 금리는 이처럼 큰 변동폭을 가지고 급

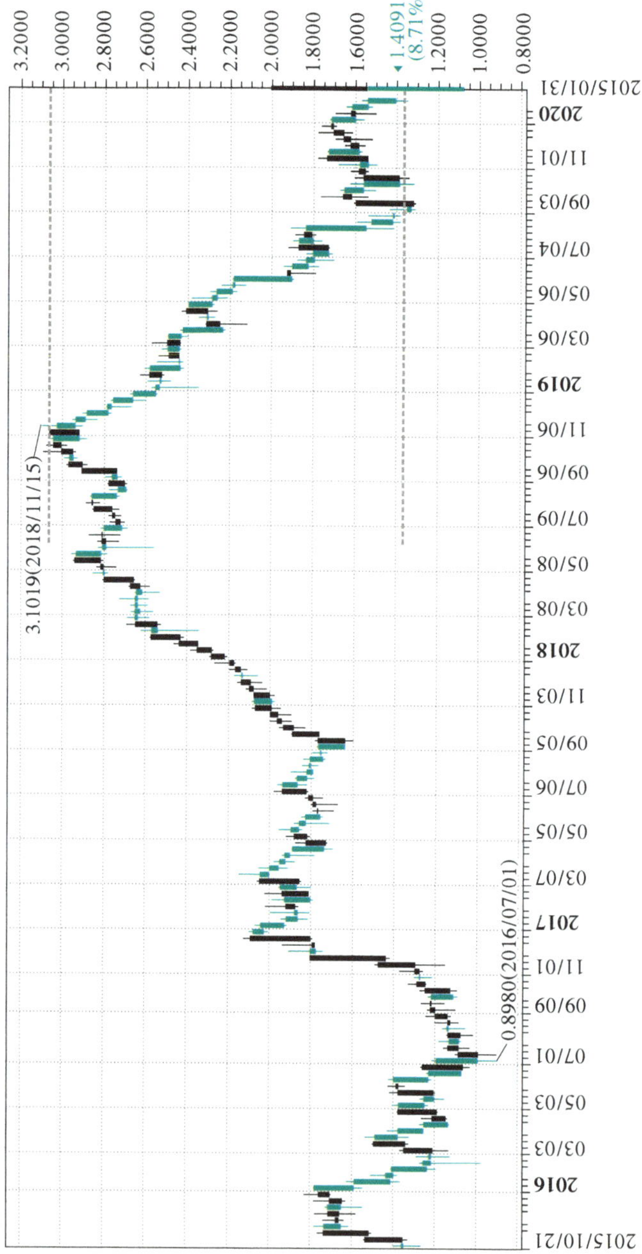

출처 : 구글

▲ 미 국채 5년 금리

격히 하락할 수 있는 것이다. 미 국채 금리를 거의 유사하게 따라가면서 말이다.

마지막으로 해외 DLF 상품의 설계 과정과 절차를 살펴보자.

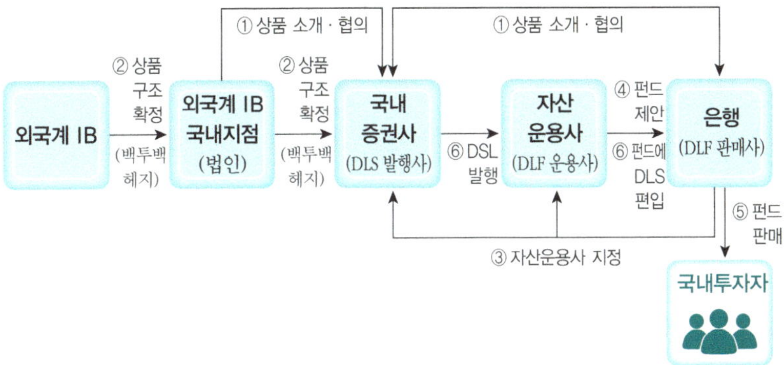

▲ **해외 DLF 상품의 설계 과정**(보도자료 참고)

위 그림에서 알 수 있듯 해외 DLF는 상품의 소개에서 상품구조 확정까지 외국계 IB가 관여한다. 독일 국채 10년 금리나 CMS 금리는 리세션 공포가 최고조에 달했을 때 최저까지 추락한다. 외국계 IB에서 대규모 장기채 매수 시나리오가 예정되어 있었다면 어땠을까 궁금하다.

〈사건의 교훈〉

ELS 및 DLS는 최근 개인투자자도 많이 가입하는 상품이다. 현명한 투자자라면 기초자산이 주식Equity이 아닌 기타 상품으로 발행된 것은 자세히 살펴봐야 한다. 특히 수익확률 "100%"라던가 손실배수가 숨어 있는 상품은 과감히 시선을 돌려야 한다. 최근 금융상품 중에는 잘 찾아보면 투자할 만한 상품들이 많다. 위 두 개의 상품은 비전문가에겐 너무나도 가혹한 상품이다.
증권사의 ELS 운용구조를 알기 쉽게 그림으로 단순화시켜 보면 다음과 같다.

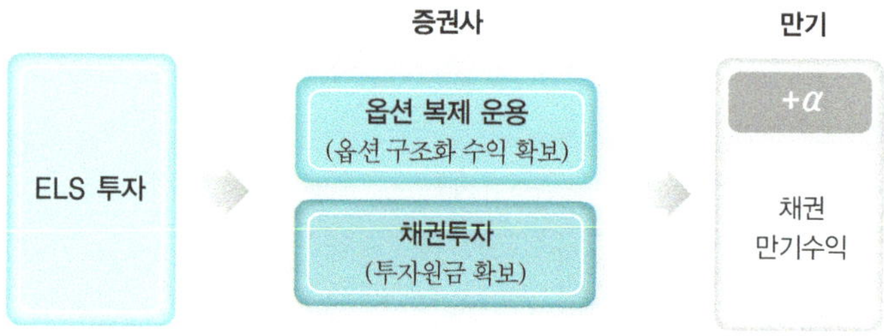

▲ **ELS 운용 구조**

투자자금의 대부분을 우량채권에 투자하고 나머지 자금으로는 구조화된 옵션 투자를 한다. 이렇게 해서 ELS 상품의 특성에 맞게 +알파 추가 수익을 추구하는 데 구조화된 옵션 투자는 백투백 헤지를 사용하여 외국계와 거래하거나 자체 운용 방식으로 리스크를 제거한다.
파생결합증권은 기초자산의 변동에 따라 증권의 가치가 변동하고 발행사의 지급의무가 발생하기 때문에 증권사는 의무를 이행하기 위해 이러한 가치 변동 리스크를 헤지해야만 한다.
헤지 방식에는 백투백 헤지와 자체 헤지가 있다. 백투백 헤지는 발행한 파생결합증권과 동일한 조건으로 다른 상대방(주로 외국계 금융회사)과 장외파생거래를 맺어 기초자산 가격변동 리스크를 이전시키는 것이고, 자체 헤지는 발행 증권사가 장내외 파생상품 등을 사용하여 리스크를 직접 제거하는 방식이다. 즉, 백투백 거래는 증권사가 직접 자체 운용을 하지 않고 타 외부 금융기관과의 장외파생거래를 통하여 기초자산의 가치 변동 위험을 헤지하는 방식이다.

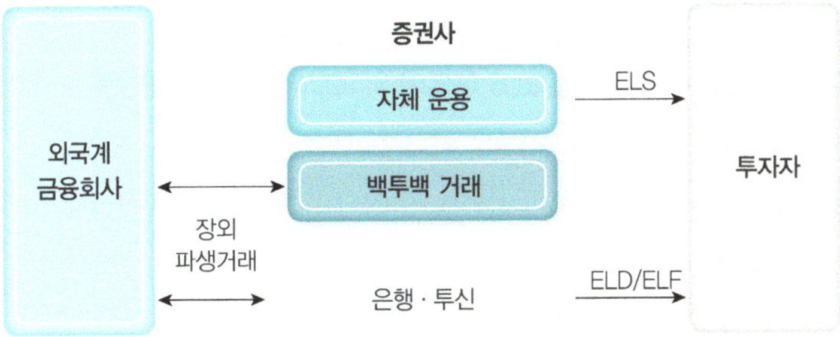

▲ 백투백 거래

DLS Derivative Linked Securities

기초자산이 주식이 아닌 이자율, 환율, 실물자산 등 다양한 기초자산 가격에 투자해 기초자산의 가격이 특정 범위 내에서만 움직이면 약정된 수익을 얻는 상품이다.

DLF Derivative Linked Fund

파생결합펀드DLF는 금리, 원자재, 환율 등의 기초자산과 연결돼 투자 수익이 결정되는 파생결합증권DLS 수개를 묶어 펀드 형태로 만든 것이다.

CMS Constant Maturity Swap **금리**

이자율 스왑의 변형된 거래 중 하나로, 통상적인 이자율 스왑과 달리 계약시점에 만기까지의 스왑금리가 단일금리로 확정되는 것이 아니라 매 이자교환 시점마다 해당 시점의 특정 만기 스왑금리를 적용함에 따라 금리가 계속 변화한다.

백투백 헤지 back-to-back hedge

발행한 파생결합증권과 거의 동일한 조건으로 다른 거래상대방(주로 외국 금융회사)과 장외파생거래를 맺어 기초자산 가격변동 리스크 등을 거래상대방에게 이전시키는 방식으로 발행된 ELS 등의 수익구조와 동일한 파생상품을 매입해 위험을 헤지하는 거래를 말한다.

08

(2019년) 라임 사모펀드 사태 —사모펀드의 몰락

— 국내 1위의 사모펀드 운용사였지만 결국 환매중단 사태로 고객에게 큰 손실을 입혔다.

출처 : KBS-유튜브

문제가 된 이 상품은 사모펀드이다. 위 사태를 이해하려면 사모펀드라는 것이 무엇인지부터 자세히 알아야 한다. 증권, 은행 등 금융시장에 다양한 사모펀드들이 있는데 정작 가입자는 브로커나 PB만을 믿고 어디에 투자하는 어떤 상품인지 모른 채 투자한다. 몇 차례 소소한 수익을 볼 수 있겠으나 그런 투자는 결국 손실로 귀결될 확률이 높다.

일반 개인투자자들이 흔히 가입하는 공모펀드Public offering fund는 불특정한 다수의 투자자에게 공개된 방식으로 동일한 투자기회를 제공하는 반면, 사모펀드Private equity fund는 특정한 소수의 투자자로부터 자금을 모아 개별적으로 운용되는 펀드이다. 여기서 소수의 투자자는 보통 49인 이하의 투자자를 대상으로 모집하는 것을 말한다. 사모펀드는 투자 대상이나 투자 비중 등에 제한이 없어 운용사가 자유롭게 투자할 수 있으며, 100%까지 한 종목 투자도 가능하다. 또한 사적인 계약 형태로서 공모펀드보다 자유로운 운용전략을 펼칠 수 있어 고수익을 추구하지만, 고위험에 노출될 확률도 높다.

펀드는 크게 다음과 같이 구분된다.

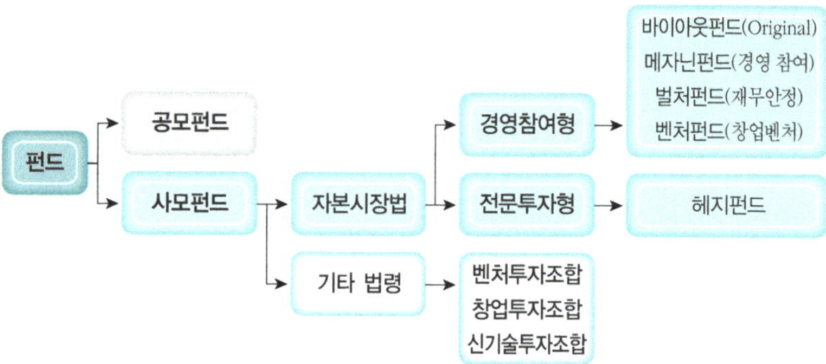

▲ **펀드의 구분**

이제는 시장에 공모펀드보다 사모펀드 비중이 더 높다고 한다. 사모펀드는 시중에 나와 있는 공모펀드와 대비되는 개념으로, 최근에는 사모펀드에 투자하는 공모펀드 형태로도 금융상품이 출시되고 있다. 직접 운용하는 사람이 아닌 이상 세부적인 사항까지는 모르더라도 금융상품을 담당하거나 투자하는 입장에서 개념 정도는 반드시 알아야 한다.

언론에서 심심치 않게 보도하는 헤지펀드는 자본시장법에서 전문투자형 사모펀드에 해당하는 것이다. 경영참여형에 메자닌펀드가 있는데 라임 사모펀드 중 문제가 된 것 중 하나이다. 사모펀드 운용전략에 대해서는 뒤편에 자세히 정리하였다.

사모펀드의 기본적인 투자 방식은 동일하다. 한정된 투자자를 대상으로 자금을 모집해 자산가치가 저평가된 기업에 자유롭게 투자운용하는 것이다.

사모펀드는 제한된 투자자만이 투자할 수 있다는 점이 공모펀드와 다르다. 하지만 최근에는 이런 점을 감안하여 특정 사모펀드들에 투자하는 공모펀드가 시장에 출시되고 있다. 이번 라임에서 문제된 것들 중 두 번째가 이 공모형 메자닌이다. 그리고 세 번째 문제된 것은 무역금융펀드이다.

그럼 언론에서 보도한 것을 기초로 라임자산운용이 판매하여 문제가 된 3가지 펀드에 대해 살펴보자.

라임자산운용 사모펀드의 환매 중단 사태의 일련의 과정은 대략 다음과 같다.

- 2018/12/12 라임자산운용 "G*****" 주식 전량 매도
- 2019/05 불공정 거래 조사
- 2019/07 채권 파킹 거래 의혹
- 2019/08 채권 파킹 거래 조사
- 메자닌펀드 대규모 환매 청구
- 증권사 TRS 거래 연장 중단
- 유동성 부족으로 사모펀드 환매 중단
- 기타 불법사항 대규모 조사 진행

언론에서 보도한 내용을 정리하면 대략 위와 같은 순서로 진행되었다.

라임자산운용 환매 연기 현황

(단위 : 원)

펀드유형	판매금액	환매 연기금액	연기 시행일	잔여금액
사모채권	6,930억(78개)	3,839억(37개)	10월 10일	3,091억(41개)
메자닌*	3,997억(33개)	2,191억(18개)	10월 10일	1,806억(15개)
무역금융	2,436억(38개)	2,436억(38개)	10월 14일	
합계	1조 2,263억(149개)	8,466억(93개)		4,897억

* 코스닥벤처펀드 1,770억원 포함

출처 : 파이낸셜 뉴스, 2019. 10. 14.

보도자료에 따르면 세 가지 유형의 펀드에 문제가 발생했다. 메자닌에는 코스닥 벤처에 투자한 1,770억 원이 포함된 것으로 보이는데 벤처기업의 전환사채CB, 신주인수권부사채BW는 환매 시 유동성에 문제

가 발생할 리크스가 높다.

다음으로 무역금융펀드란 해외 무역 거래에서 발생하는 각종 선결제, 운임, 원자재 구매 및 가공 비용 등에 필요한 단기 자금을 빌려주고 이자 수익을 올리는 구조의 펀드이다. 언론에 따르면 문제된 무역금융펀드인 미국 IIG 헤지펀드 운용사가 폰지 사기 혐의로 미국 증권거래위원회SEC에서 등록취소 처분을 받았다고 한다.

위의 세 가지 펀드에 문제가 생겨 증권사가 운용사와 계약했던 TRSTotal Return Swap 계약을 해지하면서 펀드에 유동성 문제가 생겼고 환매가 중단되는 사태가 발생한 것이다. 메자닌에 투자하는 CB, BW 등의 자산을 급하게 청산하게 되면(유동성이 부족하거나 시장에서 디폴트 수준이면 청산 자체가 불가능할 수 있다) 펀드의 손실로 이어지게 된다.

운용사는 TRS 계약을 통해 레버리지 효과를 일으킨다. 100억짜리 사모 채권형 펀드를 운용한다고 하면 운용사는 증권사에서 TRS 계약을 통해 50억을 빌려서 동일한 전략으로 150억을 운용한다.

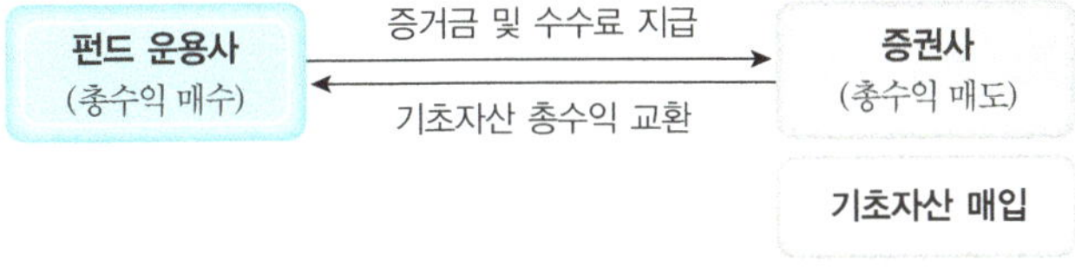

▲ TRS(Total Return Swap) 구조

물론 계약의 이름처럼 토탈 리턴Total Retrun이다. 수익이 나건 손실이 나건 모두 운용사가 가져간다. 증권사는 운용사 자산을 담보로 돈을 빌려주고 수수료만 받는다. 계약에 따라 다르겠으나 펀드에 문제가 생겨 청산하게 되면 자금 회수 우선권이 있는 1순위가 증권사다. TRS 계약으로 고객은 추가적인 리스크에 노출되게 되는 것이다.

〈사건의 교훈〉

어떤 상품도 마찬가지듯이 사모펀드에 투자하고자 한다면 투자상품에 대해 최대한 잘 이해하고 투자해야 한다. 공모펀드처럼 투명하지 않아 세세히 알 수는 없더라도 최소한 투자하고자 하는 운용사와 판매사가 믿을 만한 회사인지 확인해야 하고, 투자하는 분야 정도는 알고 있어야 한다. 또한 가장 중요한 것은 최대 손실 한도는 반드시 체크해야 한다. 물론 위 상품과 같이 환매중단 사태까지 가게 되면 의미가 없을 수도 있다. 가능하다면 사모펀드 계약을 할 때는 손실 최대 금액을 약정하고 투자하는 것이 현명한 방법이다. 개인마다 상황에 따라 차이가 있겠으나 투자금액에 있어서도 본인 투자자금의 50% 이상을 투자하는 것은 무리한 투자일 확률이 높다. 무리한 수익률은 달성할 확률이 낮다는 것을 반드시 명심해야 한다.

TRSTotal Return Swap

계약자 간에 투자상품에 대한 수익과 비용을 상호 교환하는 약정이다. 일반적으로 총수익매도자(증권사)가 주가 변동에 따른 이익이나 손실을 매수자(운용사)에게 이전하고 그 대가로 약정 수수료(이자)를 받는 구조이다.

TRS 거래를 하면 운용 규모를 늘려 '레버리지지렛대 효과'를 얻을 수 있고 투자자는 이익이 나면 더 많은 수익을 올릴 수 있지만, 손실이 나면 증권사에서 빌린 돈부터 갚아야 하므로 투자자는 추가 손실 위험이 있다.

채권 파킹parking 거래

채권을 매수한 기관이 장부book에 곧바로 기록하지 않고 잠시 다른 중개인(증권사)에 맡긴 뒤 일정 시간이 지나 결제하는 거래 방식이다. 즉, 채권의 실제 소유주가 소유 사실을 감춘 채 다른 금융회사에 채권을 맡기는 것이다. 금리 하락기엔 기관과 중개인이 모두 추가 수익을 올릴 수 있다. 반면 금리가 상승하면 손실이 커질 수 있다.

폰지Ponzi 거래

나중에 투자한 사람의 돈으로 먼저 투자한 사람에게 수익을 지급하는 방식의 다단계 금융사기

사모펀드의 여러 투자전략

1) Arbitrage(차익거래 전략)

대표적인 무위험 수익추구 전략이다. 차익거래는 다양한 자산 간에 가능하다. 가장 대표적으로 코스피 시장에서는 코스피200 주식 바스켓과 선물 간의 차익거래가 활발하게 이루어진다. 고평가된 상품을 매도하고 저평가된 상품을 매수한 후 둘 간의 차이에서 이익이 발생하는 구간에서 차익을 확보할 수 있다.

2) Long/Short(롱숏 전략)

매수를 뜻하는 롱 전략long strategy과 매도를 뜻하는 쇼트 전략short strategy

을 동시에 구사하여 펀드 내의 매입자산과 매도자산을 동일하게 유지함으로써 시장변화에 거의 영향을 받지 않고 안정적인 수익률을 추구하는 전략이다.

3) Mezzanine메자닌

채권과 주식의 중간 위험 단계에 있는 전환사채CB와 신주인수권부사채BW에 투자하는 것을 말한다. 주가 상승장에는 주식으로 전환해 자본 이득을 취할 수 있고, 하락장에도 채권이기 때문에 원금보장이 되는 데다 사채 행사가격 조정(리픽싱)에 따른 이득을 챙길 수 있다.

4) Multi-Strategy멀티 전략

다양한 헤지펀드 운용전략을 동시에 추구하는 운용전략이다. 기존의 롱숏펀드보다 위험관리 측면에서 분산이 잘 되어 있기 때문에 수익률을 서로 보완해 주는 특징이 있다.

5) Fixed Income

채권투자를 바탕으로 안정적 이자 수익을 추구하는 투자전략을 말한다.

6) Event Driven

Event Driven은 Special Situation특정 상황 그리고 Special Opportunity특정 기회 전략이라고도 한다. 단기적 투자 목적으로 투자대상으로 주시하고 있는 종목을 둘러싼 이벤트를 적극 활용하여 수익을 얻는 전략이다.

09

(2020년) 국제 유가 WTI ETF/ETN 상품의 감춰진 위험들

— ETF 및 ETN 상품의 신뢰를 몰락시키는 사건으로 기록될 것

출처 : SBS-유튜브

최근에는 개인투자자들이 펀드보다 개별 종목이나 ETF 및 ETN에 많이 투자한다는 기사를 자주 보게 된다. 저자에게도 ETF와 ETN의 차이점에 대해 문의하는 사람들이 많았는데, 이번 WTI 사태로 자세하게 설명하는 계기가 될 줄 예상하지 못했다.

결론부터 말하면, 이 절에서 설명하는 국제 유가 WTI 선물에 투자하는 ETF와 ETN 상품은 개인투자자가 투자하기 적합하지 않은 상품

이다. 좀 더 정확하게 말하면 이번 유가 급락 사태 이전까지는 하나의 섹터로서 일부 투자 가능한 상품 정도였다고 표현하는 것이 맞을 것이다.

과거 국내 금융기관들이 투자상품 판매와 운용에서 보여준 여러 문제점들은 아쉬운 부분인데 수천억 원에 달하는 ETF와 ETN을 운용하는 금융기관들이 이번 유가 급락 시 대응하는 모습은 투자상품에 대한 신뢰를 더욱 무너뜨리게 된 것 같아 안타깝다.

2020년 3월 코로나19 사태는 전 세계 원유 수요 감소와 각국의 이동 제한 정책으로 국제 유가를 급락시킨다. 국내 증시에 상장된 국제유가 WTI 선물에 투자하는 ETF, ETN 상품들도 급격하게 하락한다. 그런데 이러한 국내의 투자상품들을 운용하는 증권사와 운용사는 국제유가의 변동 흐름에 적절한 대응을 하지 못하는 모습을 보여주었다. 결국 개인투자자들이 큰 손실을 입게 되었다.

하나씩 자세히 살펴보도록 하자.

먼저 이번 WTI 사태를 이해하려면 ETF와 ETN 상품의 차이점 등을 정확히 알아야 한다. ETF와 ETN은 이름과 수익구조가 비슷하게 보이지만 근본적으로 발행되는 형태가 서로 다르다. ETN은 상장지수채권이라고 하며, 증권사가 만기에 기초지수의 수익률을 지급하는 것을 약속하는 파생결합증권이다. 즉, 기초지수가 1% 상승하면 ETN의 가격도 1% 상승하는 구조이다. ETN은 투자자 입장에서 발행회사(증권

ETN(Exchange Traded Note) vs ETF(Exchange Trade Fund)

구분	상장지수증권(ETN)	상장지수펀드(ETF)
발행사	증권사	자산운용사
법적 성격	파생결합증권	집합투자증권
만기	있음(1년 이상, 20년 이하)	없음
최소지수 구성	5종목	10종목
파산 위험	있음	없음
기초지수	특화지수	시장추종형 지수
수익구조	약정된 기초지수 수익 제공	운용실적에 따라 지급

사)의 신용을 믿고 돈을 빌려주는 형태로, 기초지수 종목을 직접 소유하는 것이 아니다. 즉, 발행 증권사에서는 투자금을 운용하고 ETN의 만기에 기초지수 상승이나 하락률만큼의 금액을 정산하는 구조이다. 하지만 발행 증권사가 자신들의 역할인 LPLiquidity provider의 유동성 공급에 실패하면서 ETN 가격이 기초지수의 등락률 수준에서 유지되도록 컨트롤하지 못하였고, 이로 인해 개인투자자들에게 큰 혼란과 손실을 초래하였다.

반면 ETF는 자산운용사가 기초지수에 해당하는 종목을 직접 매수하여 수익률을 추적하도록 운용하는 것으로 펀드와 유사하다. 대상 자산을 직접 투자 운용하는 구조이다.

WTI ETN 사태—유동성 공급LP 실패에 따른 괴리율 확대

특정 금융사의 ETN 상품 가격이 적정 가격 수준을 크게 벗어나 급등하는 사태가 벌어졌다. 금융사의 유동성 공급자 역할로는 시장의 초과수요를 조절하지 못할 정도로 한꺼번에 매수가 몰린 탓이다. 간단히 말해 급락한 유가가 언젠가 오를 것이라는 기대로 가격을 불문하고 매수세가 몰리면서 ETN의 가격이 급등한 것이다. 괴리율이 1,000% 이상 벌어지기도 했는데 해외 주식과 선물은 기초자산에 상하한가가 없는 종목이 다수이다. 따라서 국내 30% 상하한가 규정으로는 이러한 해외 상품 선물의 특성을 제대로 반영하지 못하게 된다. 뒤늦게 시장가치가 실제 지표가치보다 너무 비싸게 되버린 후에 거래정지가 되면서 시장에 혼란이 발생하였다.

ETN 상품을 투자할 때는 꼭 알아야 할 용어들이 있다. 이번 WTI ETN 사태에서도 개인투자자 대부분은 거래가 정지된 이후에 이런 지표들이 매우 중요하다는 것을 알게 되었을 것이다. ETN은 주식이 아니다. 기초지수 상승분만큼만 만기일에 정산하는 구조이기 때문에 현재의 가격이 적절한 수준의 가격인지 여러 지표를 반드시 확인하고 매수를 결정해야 한다.

시장가치

시장가치란 실제 증권시장에서 거래되는 ETN의 가격이다. ETN의 호가 단위가 보통 5~10원 단위이고 장중에 매수나 매도 주문이 급격히 늘어날 경우 시장가격이 정상적인 가격수준을 크게 벗어날 수 있다.

지표가치Indicative Value

기초지수를 추종하는 실질적인 가치를 의미한다. 일일 기초지수의 변화율에서 운용수수료 등을 차감한 값을 의미한다. ETN을 만기상환 정산할 때 사용되는 기준가로서 ETF의 순자산가치NAV와 비슷한 개념이다.

괴리율

괴리율(%) = (시장가치 − 지표가치) / 지표가치 × 100

시장가치와 지표가치와의 차이를 나타내는 것으로 ETN의 가격이 기초자산의 실질적인 가치에서 얼마나 벌어져 있는지를 나타내는 값이다.

유동성 공급자 Liquidity provider ; LP

ETN은 특화된 지수를 추종하는 경우가 많아 시장에서 유동성이 부족하거나 적절한 시장가치 수준을 벗어나는 상황이 발생할 수 있다. 이런 경우를 대비해 ETN 발행사는 유동성 공급자를 지정해 장중 매수 · 매도 호가를 제시해야 한다. 이런 LP 제도를 통해 시장가격과 지표가치와의 차이인 괴리율을 최소로 유지하게 된다.

이번에 문제가 된 WTI 선물의 경우 해외 상품이다 보니 우리나라 증권시장과의 시차와 원유 가격의 급락분을 국내 ETF와 ETN 상품들이 제대로 반영하지 못하는 문제점을 노출하였다.

기본적으로 괴리율이 과도하게 확대된 종목들은 만기에 가까워질수록 시장가격이 지표가치에 점차 회귀하면서 수렴하는 현상을 보인다. 이번에 문제가 된 상품은 국내 거래소의 30% 상하한가 규정과 거래정지 조치로 거래 재개 후 하한가로 직행했다. 만약 괴리율이 일정 수준을 벗어나면 거래를 차단하는 매매정지가 먼저 있었더라면 하는 아쉬움이 남는다.

WTI ETF 사태—수차례 월물 교체 실시에 따른 개인투자자 손실 확정 논란

이 상품이 문제가 된 이유는 개인투자자가 이해하기 난해한 해외 상품 선물의 몇 가지 독특한 특성과 ETF 운용사의 매끄럽지 못한 운용 방식 때문이다. 아래의 내용들을 차근차근 읽어보면 이해하는 데 도움이 될 것이다.

ETF는 ETN과 달리 운용사가 기초자산을 직접 운용하는 방식이다. 국내 자산운용사의 WTI ETF 상품이 문제가 된 것은 국제 유가가 60달러에서 10달러대까지 폭락하는 동안 별도의 조치를 취하지 않다가 최저점에서 투자상품을 갑자기 교체하는 바람에 유가 반등 흐름에서 개인투자자들의 손실 회복 기회를 없어지게 하는 상황이 발생했기 때문이다.

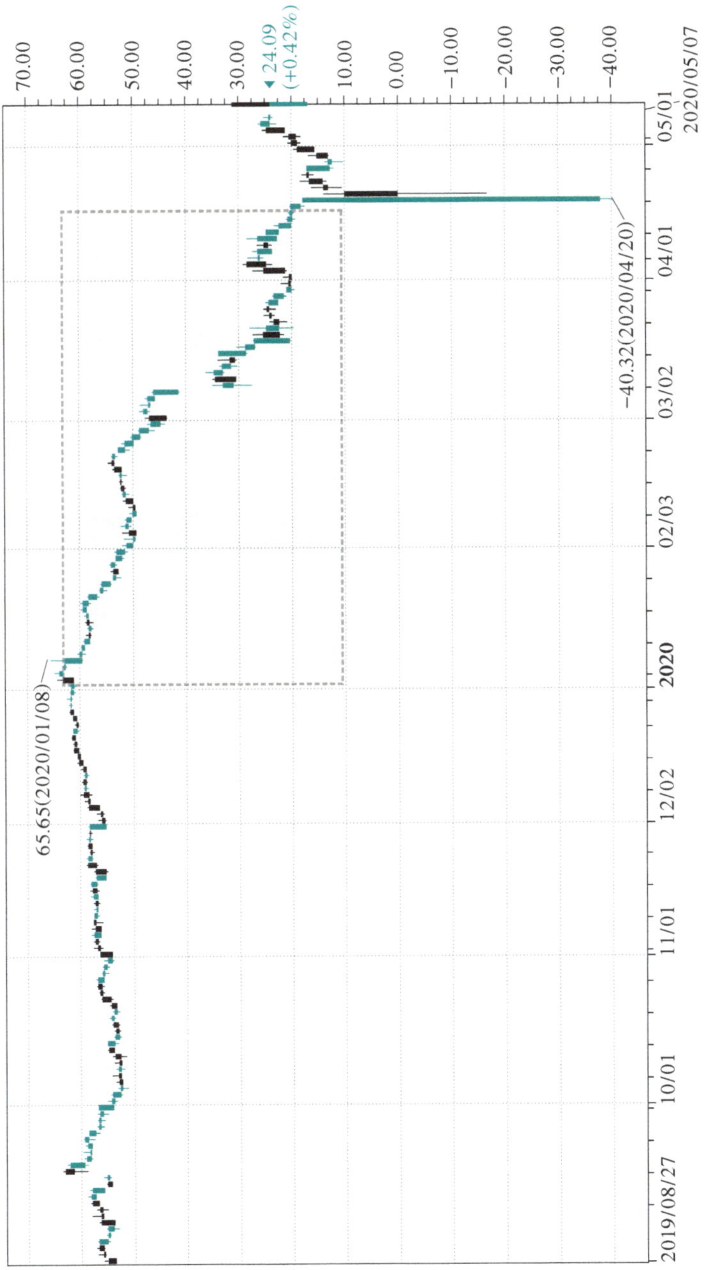

▲ WTI 원유 선물 차트

출처 : 키움

앞의 WTI 원유 선물 그래프를 보자.

올해 1월 초에 65달러 선까지 오르던 WTI 최근 월물 선물이 4월에는 10달러 선까지 1/6 이하로 급락한다. 즉, 1월 초부터 4월 중순까지 약 4개월 동안 유가가 폭락하는 동안 해당 ETF 상품에서는 아무런 조치를 취하지 않았다. 4월 20일인 5월물 만기일에 선물 가격이 비정상적으로 −37달러를 기록하게 되는데, 이것은 만기일 실물 인수 결제를 피하기 위한 매우 특이한 상황이었다.

코스피 선물과 WTI 원유 선물

항목	코스피 선물	WTI 원유 선물
만기일	3개월마다 만기 3, 6, 9, 12월 둘째 주 목요일	매월 만기 매월 25일 전 3영업일
결제 방식	현금결제	**실물 인수도**
롤오버 방식	스프레드 종목 활용 (만기일에 대부분 롤오버)	차근 월물 직접 매매 최근 월물 매도 + 차근 월물 매수 (5일에 걸쳐 20%씩 롤오버)
차익거래	주식과 선물 차익거래 활발	**유가 현물과 선물 차익거래 현실적 불가능**

여기서 WTI 원유 선물과 코스피 선물의 차이점을 잠시 살펴보자.

위의 차이점 중 중요한 것은 코스피 선물과 주식 간에는 차익거래가 활발하지만 WTI 원유 선물과 원유 현물 간에는 차익거래가 불가능하다는 점과 코스피 선물은 만기일 결제가 이루어지지만 WTI 원유 선물은 실물 인수도 방식이라는 점이다.

코스피 시장에서는 만기일에 선물 정산가격이 코스피200 종가로 현금결제된다. 즉, 코스피200 종가로 정산되기 때문에 선물이 마이너스로 떨어질 수 없다. 코스피200 종목 주식 가격이 마이너스가 될 수는 없기 때문이다. 그래서 코스피 시장에서는 만기일에 선물 가격이 코스피200 가격으로 수렴한다.

반면 WTI 선물은 그렇지 않다. 만기일 실물 인수도 방식이다. 만기일 종가까지 선물 미결제약정(잔고)을 청산하지 않으면 갖고 있는 선물계약에 해당하는 실물(원유)을 인수해야 한다. 그런데 4월 글로벌 원유시장은 코로나19 팬데믹으로 각국의 이동 제한과 수요 부재로 원유가 남아돌아 저장고가 부족한 상황이었다. 실물(원유)을 인수하고자 하는 사람이 없을 것이므로 어떻게든 원유 선물을 싼 가격에라도 청산해야만 했던 것이다. 그래서 만기일 원유 선물 매도[팔자]가 몰리면서 마이너스 -37달러를 기록했던 것이다. 특이한 상황이었다.

2020년 5월 16일 현재 종가로 텍사스산 원유 현물은 10.17달러, 최근 월물인 6월 선물은 29.71달러이다. 현물과 선물의 가격차이가 29.71 - 10.17 = 19.54로 거의 20달러 차이가 난다. 코스피 선물에서는 불가능한 일이다.

코스피 선물에서는 이렇게 선물 가격이 현물보다 현저히 높게 형성되는 경우 곧바로 매수차익거래(현물 매수, 선물 매도)가 발생한다. 그렇게 되면 높은 선물 가격은 조금씩 낮아지고, 낮은 현물 가격은 조금씩 올라가면서 둘 간의 차이가 합리적인 수준까지 좁혀진다. 따라서 선물의 마이너스 가격이라는 것이 불가능하다.

하지만 위에서 살펴본 바와 같이 원유 선물은 그렇지 않다. 만기일 현금결제가 아닌 실물 인수도 방식이라는 독특한 구조 때문에 차익거래가 현실적으로 불가능하다. 또한 원유 현물 가격과 선물 가격 간의 차이가 비정상적으로 크게 벌어져 움직일 수 있다.

그럼 2020년 5월물 만기일에 마이너스 유가를 기록했을 당시 해당 ETF의 롤오버가 어떻게 진행됐는지 살펴보자.

다음 페이지의 표는 2020년 4월부터 5월까지 총 4번의 롤오버가 진행됐던 내용을 정리한 것이다. 색깔로 구분을 했는데, 각각 롤오버가 진행된 날짜의 ETF 가격과 해당 선물들의 가격 움직임을 동일한 색으로 표시하였다.

1차 롤오버는 정상적인 기간에 순차적으로 진행되었다. 과거 진행해 오던 방식 그대로 5일에 걸쳐 20%씩 5월물에서 6월물로 정상적으로 롤오버를 수행하였다.

2차 롤오버는 22일 실시하였다. 6월물을 6~9월물로 분산하였다. 그런데 여기서부터 문제가 생긴다. 옅은 청색으로 색칠한 부분을 보면 2차 롤오버를 수행한 직후 6월물이 이틀에 걸쳐 19.10 + 19.74 = 38.84% 상승한다. 반면 WTI ETF는 4.29% 상승하는 데 그친다. 21일 6월물이 -43.37% 급락했는데 22일 ETF는 거래소 하한가 규정에 해당되면서 -29.97%, 약 30%만 하락한다. 따라서 추가 반영분

4차 롤오버 실시
- 7월물을 8월물로 교체
- 8~9월물 보유

3차 롤오버 실시
- 6월물을 전부 7월물로 교체
- 7~9월물 보유

2차 롤오버 실시
- 6월물을 전부 6~9로 분산
- 6~9월물 보유

1차 롤오버 실시
- 5월물을 6월물로 롤오버
- 6월물 보유

WTI ETF의 네 차례 롤오버

날짜	ETF		WTI 5월물		WTI 6월물		WTI 7월물		WTI 8월물		WTI 9월물	
	가격	등락률	가격	등락률	가격	등락률	가격	등락률	가격	등락률	가격	등락률
2020. 05. 07	4,395	-3.09%			23.55	-1.83%	24.83	-3.08%	26.49	-2.03%	27.81	-1.35%
2020. 05. 06	4,535	20.29%			23.99	-2.32%	25.62	-3.28%	27.04	-3.74%	28.19	-3.66%
2020. 05. 05	3,770	0.00%			24.56	20.45%	26.49	16.29%	28.09	14.05%	29.26	12.19%
2020. 05. 04	3,770	11.37%			20.39	3.08%	22.78	2.20%	24.63	1.78%	26.08	1.52%
2020. 05. 03	3,385	0.00%			19.78	0.00%	22.29	0.00%	24.20	0.00%	25.69	0.00%
2020. 05. 02	3,385	0.00%			19.78	0.00%	22.29	0.00%	24.20	0.00%	25.69	0.00%
2020. 05. 01	3,385	0.00%			19.78	4.99%	22.29	2.01%	24.20	-0.70%	25.69	-2.58%
2020. 04. 30	3,385	0.00%			18.84	25.10%	21.85	14.28%	24.37	9.82%	26.37	7.63%
2020. 04. 29	3,385	8.15%			15.06	22.04%	19.12	8.64%	22.19	4.82%	24.50	3.07%
2020. 04. 28	3,130	-14.95%			12.34	-3.44%	17.60	-2.65%	21.17	-1.17%	23.77	-0.29%
2020. 04. 27	3,680	-11.33%			12.78	-24.56%	18.08	-14.48%	21.42	-10.23%	23.84	-7.27%
2020. 04. 24	4,150	0.48%			16.94	2.67%	21.22	-1.03%	23.86	-1.80%	25.71	-0.70%
2020. 04. 23	4,130	4.29%			16.50	19.74%	21.44	3.62%	24.12	1.52%	25.89	0.47%
2020. 04. 22	3,960	-29.97%			13.78	19.10%	20.69	10.70%	23.76	9.95%	25.77	9.99%
2020. 04. 21	5,655	-10.80%	10.01	126.60%	11.57	-43.37%	18.69	-28.88%	21.61	-24.20%	23.43	-21.48%
2020. 04. 20	6,340	-10.13%	-37.63	-305.97%	20.43	-18.38%						
2020. 04. 17	7,055	-0.84%	18.27	-8.05%	25.03	-1.96%						
2020. 04. 16	7,115	-11.72%	19.87	0.00%	25.53	-1.96%						
2020. 04. 15	8,060	-0.19%	19.87	-1.19%	26.04	-4.96%						
2020. 04. 14	8,060	-0.19%	20.11	-10.26%	27.40	-6.36%						
2020. 04. 13	8,075	-2.65%	22.41	-1.54%	29.26	1.53%						
2020. 04. 10	8,295	-5.63%	22.76	-9.29%	28.82	-4.47%						
2020. 04. 09	8,790	5.46%	22.76	-9.29%	28.82	-4.47%						
2020. 04. 08	8,335	-7.23%	25.09	6.18%	30.17	5.16%						
2020. 04. 07	8,985	-3.70%	23.63	-9.39%	28.69	-4.30%						
2020. 04. 06	9,330	14.69%	26.08	-7.97%	29.98	-2.98%						
2020. 04. 03	8,135	8.47%	28.34	11.93%	30.90	10.16%						
2020. 04. 02	7,500	10.21%	25.32	24.67%	28.05	18.16%						
2020. 04. 01	6,805	-5.68%	20.31	-0.83%	23.74	-3.14%						

−43.37 + 29.97 = −13.4%를 고려하면 38.84 − 13.4 = 25.44% 정도라도 상승을 했어야 한다. 정리하면 2차 롤오버를 수행하지 않았다면 ETF는 25.44% 정도 상승할 가능성이 있었는데 4.29% 상승에 그친 것이다. 이유는 바로 7～9월물의 반등이 미미했기 때문이다.

다음 그림은 해당 기간 동안의 각 선물의 변화를 차트로 그린 것이다. 6월물만이 실제 유가 현물의 가격 상승 흐름을 비슷하게 추종하고 다음 월물로 멀어질수록 그래프가 횡보하는 듯한 모습을 보인다. 즉,

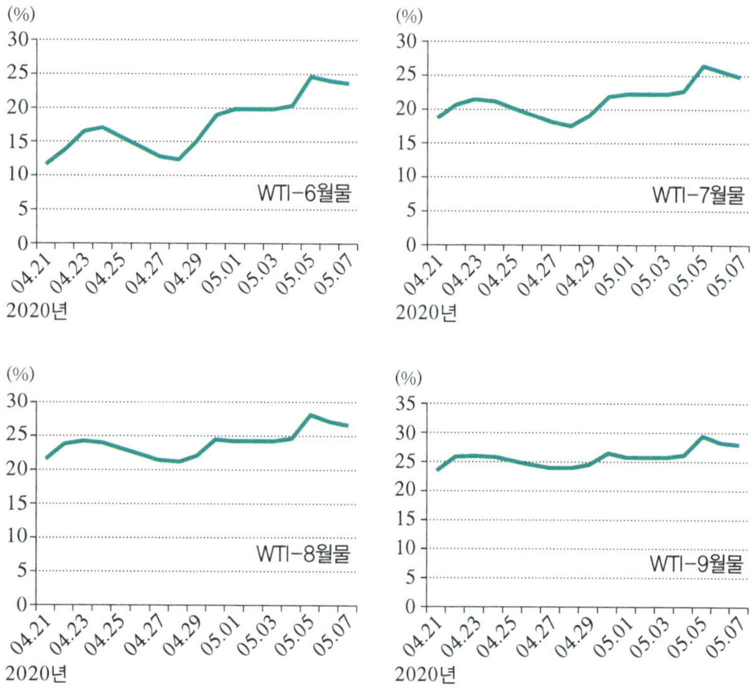

▲ **WTI 선물의 움직임 비교**

파생상품의 특성상 선물은 최근 월물만이 의미 있게 현물 가격을 추종하고 나머지 차근 월물과 원원물들은 상승이나 하락을 제대로 반영하지 못하는 밋밋한 흐름을 보인다. 결국 2차 롤오버에서 6월물 이외의 월물들이 의미 있는 가격 상승을 보이지 않았기 때문에 ETF의 가격 반등이 미미했던 것이다.

3차 롤오버는 6월물을 다시 7월물로 교체하는 것이다. 이 3차 롤오버로 인해 해당 ETF는 최근 월물을 하나도 갖고 있지 않고 차근 월물인 7~9월물만으로 구성된다. 특정 상품의 가격을 추종한다는 인덱스의 기본에 비추어 보면 이해하기 힘든 추가 롤오버이다.

그런데 여기서 다시 한 번 가격 괴리를 일으키는 상황이 연출된다. 3차 롤오버가 수행되고 국내 증시는 연휴기간이었다. 연휴기간 동안 최근 월물인 6월물이 약 22.04 + 25.10 + 4.99 = 52.13% 상승했는데 5월 4일 ETF는 11.37% 상승에 그친다. 6월물을 모두 7월물로 바꿨기 때문에 6월물의 상승률을 하나도 반영하지 못한 것이다. 앞서 말했듯이 최근 월물인 6월물만이 상대적으로 크게 상승했기 때문이다.

4차 롤오버는 7월물을 다시 8월물로 전부 교체하는 것이다.

이상 네 번의 롤오버 기간 동안 해당 ETF의 가격과 6월물 선물의 흐름을 보자.

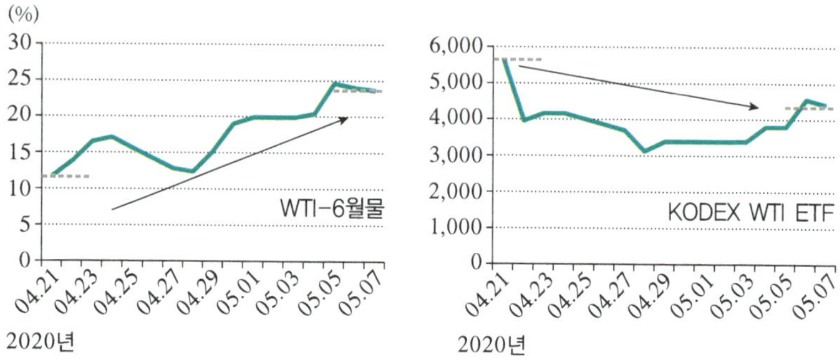

▲ **동일 기간 WTI 6월물과 ETF 흐름 비교**

보이는 것처럼 동일 기간 6월물은 큰 폭의 상승 흐름인데 ETF는 오히려 가격이 하락하는 모습이다.

파생상품의 롤오버는 한 달에 한 번 하는 것이 원칙인데 네 번을 함으로써 비용이 네 배로 발생하였다. 또한 선물은 파생상품의 특성상 최근 월물만이 기초자산을 절대적으로 추종하고 다음 월물들은 비싼 가격에서 서서히 움직이는 특징을 가진다. 따라서 앞에서 살펴본 것처럼 최근 월물 비중이 낮거나 없을 경우에는 기초자산 현물의 가격흐름을 따라가지 못한다.

① ETF 롤오버 비용 ⇒ 차근 월물과의 스프레드 + 월물 매수 · 매도 교체 비용

② ETN 롤오버 비용 ⇒ 차근 월물과의 스프레드

롤오버 비용은 실제 월물을 팔고 다시 사야 하는 직접거래 비용과 사고파는 시점에 최근 월물과 차근 월물의 스프레드 가격차이를 모두 생각해야 한다. 따라서 5월에 미래의 먼 가격인 6~8월물들은 스프레드가 상당히 크게 벌어져 있었기 때문에 추가적인 ETF의 가격 상승 제한 요인이었다.

현재 이 부분은 개인투자자와 운용사 간 다툼이 있는 것으로 알려지고 있는데 결과를 지켜봐야 할 것이다.

이번 사태로 개인투자자들이 생각해야 할 점은 명확하다. 개인투자자는 해당 상품이 기초자산인 WTI 선물의 상승과 하락을 그대로 추종한다고 믿고 투자하는 것이다. 하지만 현재와 같이 최근 월물 비중이 없거나 매우 낮을 경우 유가 상승이나 하락을 상당 부분 추종하지 못하게 된다. WTI 유가의 상승과는 다른 수익률 결과를 나타낼 확률이 높다. 차후에 유가 안정 시 다시 최근 월물 비중을 확대하겠다고 한 것으로 보이는데, 이번과 같이 여러 차례 리밸런싱을 반복하는 모습을 봤을 때 필요에 따라 불규칙하게 수행되는 리밸런싱은 투자자에게 손실로 귀결될 확률이 높다고 할 것이다. 기타 순자산가치 표시 오류 등 개인투자자들이 이해하기 난해한 부분은 추가적인 리스크이다.

ETN을 살 것인가 ETF를 살 것인가?

동일한 WTI를 추종하는 ETN, ETF들이 증권사별로 여러 개 발행되어 증권시장에서 거래되고 있다. 둘 중에 어떤 것에 투자해야 할까? ETF와 ETN 두 가지 상품의 차이점에 대해서는 앞서 설명했으니 투자자의 상황에 따라 선택하면 될 것이다. 또한 추가적으로 아래와 같은 특성이 있으니 잘 참고하면 되겠다.

ETF에서는 순자산가치Net Asset Value ; NAV라는 것이 있는데 편입종목의 가치에서 부채를 뺀 순자산을 해당 ETF의 총발생 수량으로 나눈 것이다. 즉, ETF의 시장가격이 이 순자산가치 근처에 있는지 반드시 확인하고 투자해야 한다.

앞서 ETN에서 지표가치Indicative Value ; IV를 살펴봤는데 유사한 가격대라고 가정해 보자. 또한 ETN의 만기도 한 5년쯤 여유가 있다고 가정하자. 유가도 5년쯤은 다시 마이너스로 갈 확률이 크지 않다고 해보자. 둘 다 리스크는 분명 있다. 최근 언급되는 상장폐지 정도의 사안이 없다고 가정하고 ETN이 폭등해서 괴리율이 크게 벌어진 상황이 아니라고 가정하자. 이제 우리는 최종적으로 NAV나 IV 근처에서 적합한 가격으로 매수한다고 가정해 보자.

그렇다면 ETF보다는 ETN을 투자하는 것이 나을 수 있다. 왜 그럴까? ETN은 실물을 사고팔지 않지만 ETF는 실제 월물을 사고팔아야 한다. 직접거래 비용이 발생한다.

롤오버에 대해서 다시 살펴보자.

③ ETF 롤오버 비용 ⇒ 차근 월물과의 스프레드 + 월물 매수 · 매도 교체 비용

④ ETN 롤오버 비용 ⇒ 차근 월물과의 스프레드

스프레드(차근 월물 - 최근 월물 가격차이) 차이가 없거나 매우 작다면 추가 비용은 거의 없다. 근월물은 만기에 없어지는 종목이고, 차근 월물을 매수한 후에 매수한 가격 이상으로만 상승하면 비용은 없는 것과 마찬가지이다. 단지 매수 · 매도 월물 교체비용만 발생한다.

WTI 원유 선물에 투자하는 상품이 추적하는 인덱스는 동일하다. S&P 오일 인덱스를 추적하는데 실제로 상품을 거래하느냐에 차이가 있다.

ETN은 실제로 원유 선물을 매수 · 매도하지 않는다. ETN 자산가치만큼을 사고팔아야 하는 매수 · 매도 거래비용이 들지 않는다. 또한 선물을 직접 사고팔지 않기 때문에 증거금과 거래비용이 필요없다. 트레이딩을 해야 하는 운용 리스크도 없다.

반면 ETF는 실제로 원유 선물을 사고팔아야 한다. 선물을 거래하기 위해 증거금도 필요하다(기사에서는 해외 상품 선물 거래소에서 WTI 선

물 거래 증거금과 수수료를 인상했다는 보도가 있었다. 해외 거래소에서 인상하면 그대로 지불해야만 거래가 가능하다). 여기에서 차이점과 리스크가 있다.

ETN은 유동성 공급자Liquidity provider ; LP(보통 선정된 증권사에서 컴퓨터 시스템으로 주문을 처리한다)들이 적절한 가격 수준을 조정하는 방식이다. 실제로 원유 선물을 사는 것은 아니다.

그럼 실제로 동일한 해외 원유 선물을 추종하는 ETF와 ETN 상품 가격이 과거 수익률 차이가 있었는지 살펴보자.

다음 표는 2020년 1월 2일부터 5월 21일까지 두 상품의 일별 가격 흐름이다. 2～4월 가격은 화면이 길어서 숨김처리 하였다. 1월부터 5월 21일까지 유가 급락으로 ETF는 -73.60% 손실을 기록했고, ETN은 -70.49% 하락했다. 3.11%만큼 ETN의 손실률이 작은 것을 확인할 수 있다. 기간이 길어질수록 차이가 벌어지는 것도 확인할 수 있다.

동일한 해외 원유 선물을 추종하는 ETF와 ETN 상품 가격의 과거 수익률 차이

일자	WTI ETF		WTI ETN		일자	ETF	ETN	차이
	종가	등락률	종가	등락률				
2020. 05. 21	5,580	5.88%	2,560	6.00%	2020. 05. 21			
2020. 05. 20	5,270	−0.38%	2,415	0.00%	2020. 05. 20	5.88%	6.00%	−0.12%
2020. 05. 19	5,290	4.34%	2,415	4.77%	2020. 05. 19	5.48%	6.00%	−0.52%
2020. 05. 18	5,070	6.96%	2,305	6.22%	2020. 05. 18	10.06%	11.06%	−1.00%
2020. 05. 15	4,740	8.22%	2,170	10.43%	2020. 05. 15	17.72%	17.97%	−0.25%
2020. 05. 14	4,380	−1.02%	1,965	−1.75%	2020. 05. 14	27.40%	30.28%	−2.88%
2020. 05. 13	4,425	0.80%	2,000	0.76%	2020. 05. 13	26.10%	28.00%	−1.90%
2020. 05. 12	4,390	−1.35%	1,985	−0.75%	2020. 05. 12	27.11%	28.97%	−1.86%
2020. 05. 11	4,450	−1.55%	2,000	−2.68%	2020. 05. 11	25.39%	28.00%	−2.61%
2020. 05. 08	4,520	2.84%	2,055	2.75%	2020. 05. 08	23.45%	24.57%	−1.12%
2020. 01. 17	20,300	0.37%	8,325	0.42%	2020. 01. 17	−72.51%	−69.25%	−3.26%
2020. 01. 16	20,225	0.17%	8,290	0.24%	2020. 01. 16	−72.41%	−69.12%	−3.29%
2020. 01. 15	20,190	0.10%	8,270	0.30%	2020. 01. 15	−72.36%	−69.04%	−3.32%
2020. 01. 14	20,170	−1.68%	8,245	−1.73%	2020. 01. 14	−72.34%	−68.95%	−3.38%
2020. 01. 13	20,515	−0.51%	8,390	−0.47%	2020. 01. 13	−72.80%	−69.49%	−3.31%
2020. 01. 10	20,620	−0.39%	8,430	−0.59%	2020. 01. 10	−72.94%	−69.63%	−3.31%
2020. 01. 09	20,700	−5.44%	8,480	−5.52%	2020. 01. 09	−73.04%	−69.81%	−3.23%
2020. 01. 08	21,890	0.81%	8,975	1.01%	2020. 01. 08	−74.51%	−71.48%	−3.03%
2020. 01. 07	21,715	−2.51%	8,885	−2.74%	2020. 01. 07	−74.30%	−71.19%	−3.12%
2020. 01. 06	22,275	2.32%	9,135	2.30%	2020. 01. 06	−74.95%	−71.98%	−2.97%
2020. 01. 03	21,770	3.00%	8,930	2.94%	2020. 01. 03	−74.37%	−71.33%	−3.04%
2020. 01. 02	21,135	−1.22%	8,675	−1.08%	2020. 01. 02	−73.60%	−70.49%	−3.11%

그래프로 살펴보면 다음과 같다.

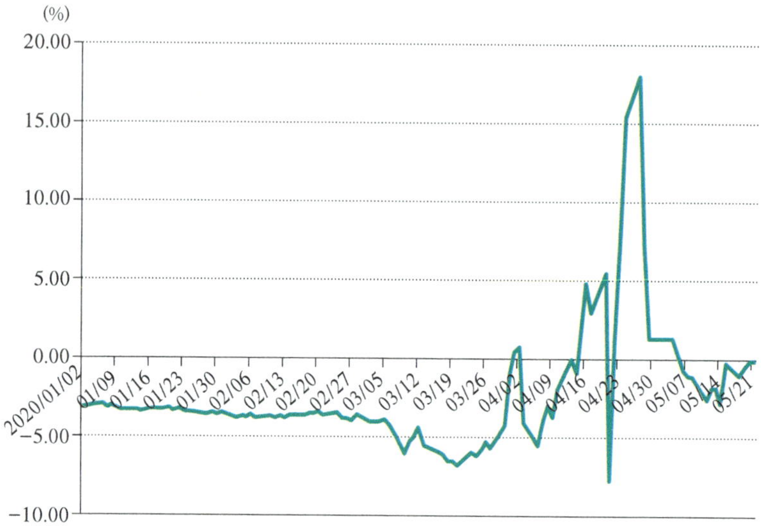

▲ **동일 기간 WTI ETF와 ETN 상품의 수익률 차이**(스프레드) **흐름**

4월에 큰 등락이 보이는데, 마이너스 유가를 기록하면서 생긴 특이한 경우이다. 5개월 기간으로 보면 결국 3.11%로 차이가 확대되는 모습이다. 그럼 2017~2019년에는 어땠을까? 더욱 확실한 모습을 보인다.

1년 기간 동안 기간이 길어질수록 ETF와 ETN의 수익률 격차는 조금씩 계속 벌어지는 것을 확인할 수 있다.

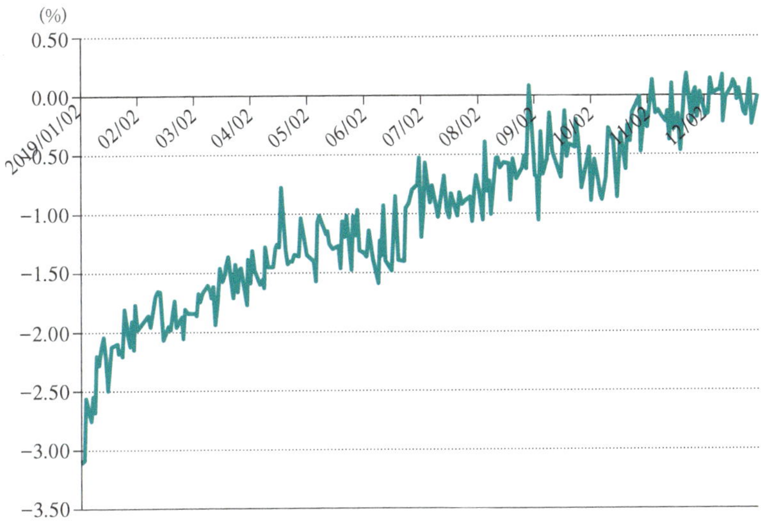

▲ 2019년 ETF-ETN 수익률 차이 흐름

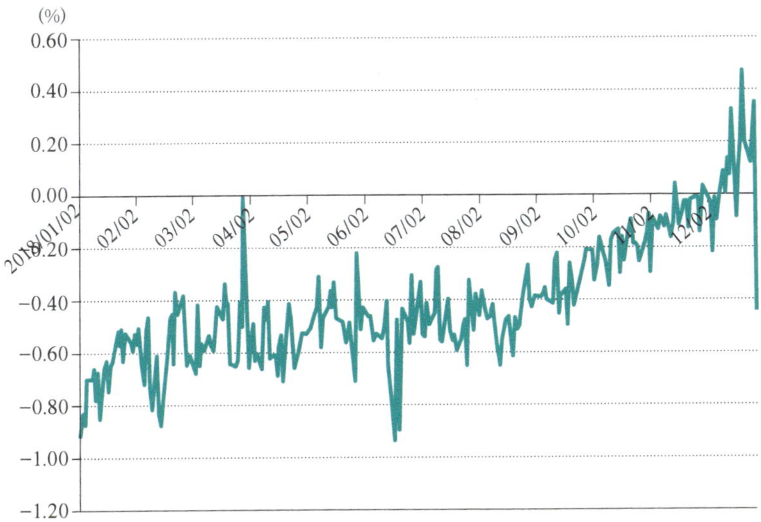

▲ 2018년 ETF-ETN 수익률 차이 흐름

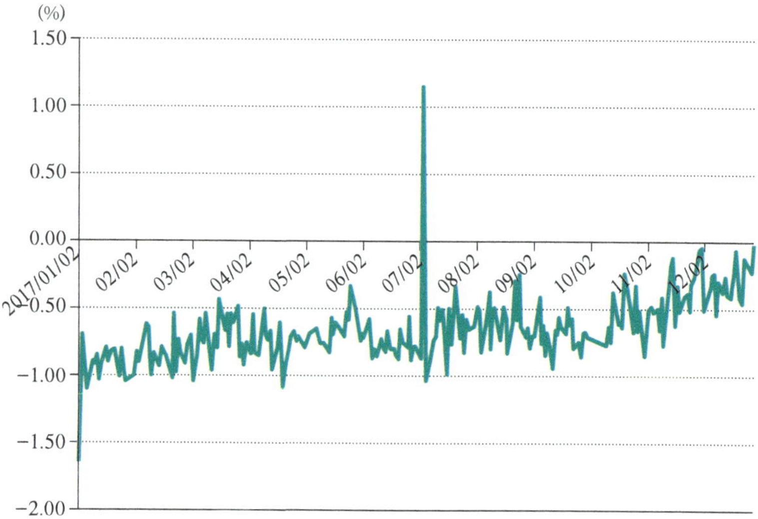

▲ **2017년 ETF-ETN 수익률 차이 흐름**

2017～2020년까지 두 가지 상품의 연도별 가격 흐름을 비교해 보면 다음과 같다.

2017~2020년까지 ETF와 ETN의 연도별 가격 흐름

연도	ETF	ETN	ETF - ETN (%P)	기간
2020년	−73.60%	−70.49%	−3.11%	5월 21일까지
2019년	33.18%	36.29%	−3.11%	1년 기간
2018년	−21.63%	−20.71%	−0.92%	1년 기간
2017년	0.93%	2.58%	−1.65%	1년 기간

위의 표에서 보듯이 ETF가 ETN을 초과한 비교우위 수익률을 달성한 해가 한 번도 없다. ETF는 약 1～3% 정도의 실제 월물 교체비용

이 발생한 것으로 추측된다. 기본적으로 해외 상품 선물은 국내 코스피 선물과는 다른 구조로 장기투자에 적합하지는 않을 듯하다.

최근 개인투자자들이 ETF와 ETN 등에 투자를 많이 한다는 기사를 심심치 않게 보게 된다. 하지만 이번에 살펴본 예와 같이 예상치 못했던 큰 피해가 발생하는 경우가 있을 수 있는 것이다. 따라서 앞서 살펴본 여러 투자지표 등을 확실히 이해하고 투자에 임해야 할 것이다.

이 절에서 살펴본 유가 ETF 및 ETN의 개인투자자 피해 사례는 고난도 금융상품을 투자할 경우 상품의 특성을 정확히 파악해야 함을 다시 한 번 일깨워주는 사건이다.

〈사건의 교훈〉

해외 상품에 직접 투자되는 국내 ETF, ETN 상품들은 정확히 거래 메커니즘과 상품 특성을 확인해야 한다. 해외 상품은 글로벌로 거래된다. 국내의 사정만을 고려해서 거래되는 것이 아니라는 점을 명심해야 한다.

10

(2020년) 사모펀드 옵티머스 사태

— 공공기관 매출채권에 투자하는지 알 수 없었던 사모펀드

출처 : YTN-유튜브

라임 사태 이후 두 번째로 크게 시장에서 문제가 되고 있는 상품이다. 대략 내용은 다음과 같다.

이 상품은 최초 투자자를 모집할 때 공공기관 매출채권에 투자하겠다고 했으나 실제로는 부동산 PF, 중소 대부업체의 사모채권 등에 투자한 것으로 밝혀졌다. 투자대상 자산이 제안서와 달랐던 것이다. 약 5천여 억 원 환매가 중단된 것으로 보도되고 있는데 어떻게 이런 일이 가능한 걸까?

사모펀드 시장의 제도적 결함을 악용한 것으로 밝혀지고 있다. 사모펀드는 운용사가 모든 업무를 하지 않고 판매사와 수탁사, 사무관리 회사가 각각의 업무를 별도로 지원하는 형태이다. 판매사는 옵티머스 운용사의 상품을 시장에 공급하는 창구 역할을 한다. 수탁사는 운용사의 지시에 따라 실제 자산매입을 집행한다. 또한 사무관리 회사는 사모펀드의 소위 기준가를 산정해 펀드명세서에 공시하는 역할을 한다. 옵티머스는 수탁사에게는 공공기관 매출채권과 사모채권을 살 수 있다고 규약에 포함시키고 사무관리 회사에는 공공기관 매출채권에 투자한다고 기록한 것이다.

사모펀드의 운용체계를 대략적으로 살펴보면 다음 그림과 같다. 판매사와 수탁사는 사무관리 회사와 매입자산에 관한 구체적인 정보를 교류하지 않는 시스템이다.

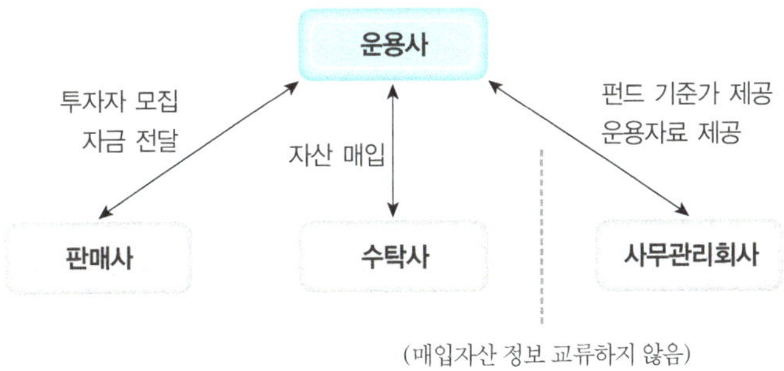

▲ **사모펀드 운용체계**

수탁사인 신탁회사는 신탁재산을 관리하고 투자자산을 매입하는 중요한 역할을 수행하지만 일반 사무관리 회사는 기준가를 제공하는 사무업무만을 수행하다 보니 편입자산에 대한 상호 확인 방법이 없었던 것이다.

이번 사모펀드도 펀드 돌려막기 및 명세서 위조 등으로 환매가 중단되어 개인투자자에게 큰 피해를 준 사건으로 기록될 것으로 예상된다.

마지막으로 공모펀드와 사모펀드의 차이점에 대해 정리해 보자.

첫째, 투자자 모집 방식이 다르다. 공모펀드는 누구나 참여할 수 있는 공개된 펀드에 가입 가능하지만 사모펀드는 소수의 특정 투자자만이 가입 가능하다.

둘째, 감독 방식이다. 공모펀드는 감독기관의 규제를 받지만 사모펀드는 기본적으로 사모에 참여한 주주의 자율규제 방식이다. 또한 공모펀드는 일정 기간마다 공시의무가 있는 반면 사모펀드는 공시를 하지 않는다. 따라서 사모펀드는 어떤 상품에 투자되는지 정확히 파악하기 어렵다.

셋째, 투자 방식이다. 공모펀드는 주식이나 채권, MMF 등 공개되고 비교적 안정된 상품에 투자하지만 사모는 비상장 기업이나 채권, 벤처기업 등 투자대상에 제한이 없다. 공모펀드는 대부분 만기가 없이 중장기 투자를 목적으로 하지만 사모는 단기간에 높은 수익을 추구하는 것이 많다. 그리고 사모펀드에는 공모펀드에는 없는 성과보수가 있다 보니 위험을 감내하고서 리스크 있는 투자상품에 적극 투자하는 경우가 많다.

넷째, 수익추구 방식이다. 공모펀드는 기본적으로 특정 인덱스에 대비한 상대수익률을 추구하지만 사모펀드는 절대수익률을 추구한다. 사모펀드는 높은 절대수익을 추구하는 목적을 가지고 운용되기 때문에 레버리지나 위험이 높은 상품에 주로 투자한다.

〈사건의 교훈〉

앞서 살펴본 것처럼 판매사의 설명만 믿고 소중한 본인 투자금의 대부분을 사모펀드에 투자하는 일은 피해야 할 것이다.

시장금리가 낮은 상황에서 조금이라도 더 나은 수익을 찾아 개인투자자들이 사모펀드에 몰리다 보니 위와 같은 사건들이 계속 발생하고 있다. 사모펀드라고 해서 공모펀드 대비 매우 우월한 수익을 보장하기는 어렵다. 기대수익이 높은 것은 그만한 리스크가 있기 때문이다. 따라서 비공개 성격이 강한 사모의 특성을 반드시 이해하고 투자판단을 해야 한다.

[참고]

이 절에서는 금융시장에서 문제된 상품들을 차례로 살펴보았다. 여기서 살펴본 내용들은 특정 투자상품이나 금융사의 문제를 논하는 것이 아니다. 과거 사례를 바탕으로 여러 금융상품들의 투자 위험과 리스크에 대해 알아보고 개인투자자가 주의해야 할 내용들을 정리한 것이다.

CHAPTER 03

두 가지는 알고 시작하자 (프로그램 매매와 변동성)

1. 프로그램 매매란 무엇인가?

2. 변동성을 알아야 시장이 보인다

[부록]

엑셀 VBA(Visual Basic Application)를 활용한 블랙-숄즈 옵션 가격결정모형

이 장의 내용들을 모두 완벽히 이해할 필요는 없다. 이해가 어려운 부분들은 가볍게 읽어보기를 권한다. 외국인과 기관투자자는 국내 주식만을 거래하지 않는다. 특히 외국인은 파생상품을 가지고 다양한 전략을 활용해 거의 100% 확률로 국내 시장에서 수익을 챙긴다. 따라서 외국인의 파생상품 포지션을 보면 국내 증시 방향성을 어느 정도 짐작할 수 있다. 시장이 급락할 것을 예상하는 경우 국내 주식이 없는 외국인은 파생상품 시장에서 대량의 매도를 언제든 할 수 있다. 이 장을 쓰고 있는 2020년 4월 현재 외국인의 파생상품 포지션은 강력한 매수 포지션이다. 3월에 14조 원의 주식을 팔았지만 파생상품에서는 시장 상승을 예측하고 있는 것이다. 외국인의 주식 매도가 매수로 돌아서고 시장이 상승한다면 외국인은 파생상품에서 막대한 수익을 얻을 수 있을 것이다. 어떻게 될지 지켜보자.

이 장에서는 프로그램 매매와 변동성 두 가지에 대해서 이야기한다. 이 두 가지는 시장에서 매우 중요한 지표이다. 두 지표의 흐름만 정확히 파악해도 현재 시장의 흐름과 방향성에 대해서 어느 정도 감을 잡고 대응할 수 있다. 외국인 입장에서 국내 시장은 아시아의 작은 투자처일 뿐이다. 이번 장을 읽고 나서 나무를 보는 것이 아니라 숲을 보는 지혜를 얻게 되기 바란다.

01

1. 프로그램 매매란 무엇인가?

출처 : KBS-구글

과거의 투자 형태가 성장형과 가치형, 배당형 등이 대세였다면 지금은 포트폴리오 분산투자형이 하나의 축을 이루는 듯하다. 이유는 여러 가지가 있겠으나 그만큼 시장이 효율화된 면이 없지 않다. 시장의 변화에 빠르게 따라가기 어렵다고 볼 수 있다. 따라서 선진국 위주의 투자와 확장되는 산업과 섹터의 비중을 크게 가져가는 분산투자 형태가 비교적 나은 수익률을 나타내고 있다고 볼 수 있다.

지금은 워낙 해외 투자가 많이 알려지고 성장하다 보니 증권사를 통해서 글로벌 지역 투자를 많이 하는데 투자자 중에는 아직도 국내 시장에 100%를 투자하는 사람도 많다. 물론 장단점이 있다. 해외 주식은 20% 세금이 있고 환율에 신경 써야 한다. 해외 투자는 환투자와 마찬가지다. 특히 브라질 같은 신흥국은 투자를 해서 수익이 나도 헤알화 가치가 폭락하게 되면 오히려 손실이 나는 경우를 보았을 것이다. 또한 먼 나라 브라질의 헤알화 가치 변화까지 신경 쓰며 투자한다는 것은 전문가가 아니면 어렵다. 따라서 여러 고려사항을 충분히 숙지한 후에 투자를 고려하는 것이 좋다.

해외 투자자 입장에서 코스피 국내 시장을 바라보는 시각은 어떨까? 우선 글로벌 지수에서 한국의 비중이 어느 정도 차지하는지 살펴보자.

글로벌 선진국 인덱스 구성을 살펴보면 미국이 65.53%를 차지한

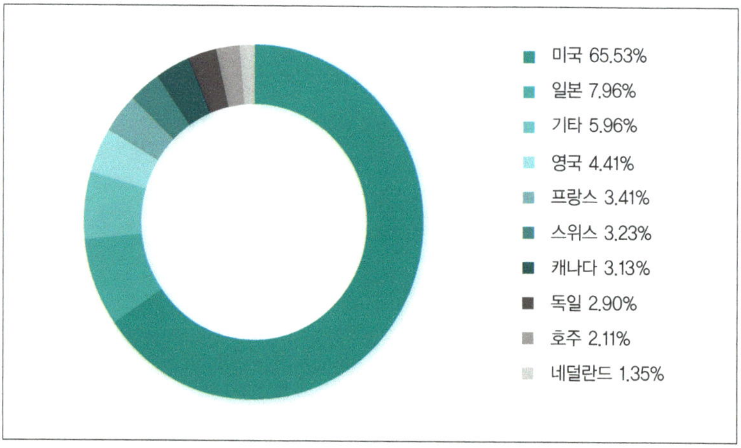

출처 : https://www.msci.com

▲ **MSCI 선진국 지수**(2020. 6. 30)

다. 대부분을 차지한다고 볼 수 있는데 또한 미국은 기축통화 국가이다. 달러를 무한정 공급할 수 있는 위치에 있다. 미국의 장기 주식시장 차트가 우상향하는 것은 어찌 보면 당연한 것이다. 우리나라는 아직 안타깝게도 MSCI 인덱스에서는 선진국이 아니므로 이쪽 인덱스에는 없다. 이머징 인덱스에 있다.

그렇다면 이머징 시장에서 우리나라는 어느 정도 위치에 있는지 확인해 보자.

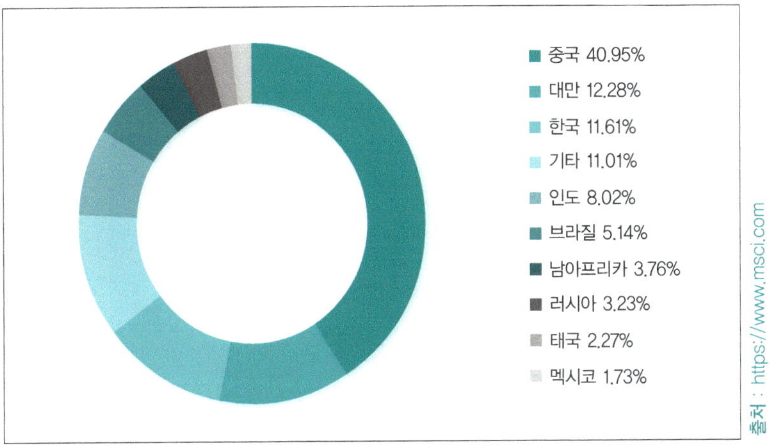

▲ **MSCI 신흥국 지수**(2020. 6. 30)

안타깝지만 우리나라 시장은 이머징 시장 안에서 11.61%밖에 차지하지 않는다. 40.95%인 중국의 1/4 정도 수준이다.

선진국 시장을 포함한 전체 글로벌 시장에서 보면 우리나라 시장은 약 2% 정도 수준에 불과하다. 코스피의 글로벌 비중이 작다는 것은 해외 시장의 변동성에 직접적인 영향을 받는다는 것을 의미한다. 미국이 조정을 받게 되면 여지없이 아시아 신흥시장은 하락 압력과 큰 등락폭의 변동성을 보인다. 장중에 시장을 빠르게 움직이게 하는 주요 요인 중 하나가 바로 이 절에서 살펴볼 프로그램 매매Program Trading이다.

기관과 외국인은 코스피시장 주식을 사고팔 때 어떻게 거래를 하는지 알고 있는가? 기관이나 외국인은 개인들이 사용하는 HTS로 거래를 하지 않고 전문 트레이딩 시스템을 사용한다. 한 번에 주식을 수십 개에서 수백 개 종목 이상 거래할 수 있는 첨단 시스템으로 트레이딩을 한다. 말 그대로 컴퓨터 프로그램으로 한꺼번에 대량의 거래를 하는 것이다.

2020년 3월 12일 국내 증시는 코로나19 우려로 -73.94포인트 급락하며 1,834.33으로 마감했다. 장중에 사이드카가 발동되기도 했는데 여기서 뉴스에서는 프로그램 매도 호가를 5분간 정지한다고 발표했다. 증권시장 거래의 상당 부분이 이 프로그램 매매로 이루어진다. 최근에는 알고리즘 트레이딩 등 컴퓨터를 이용한 다양한 시스템들이 증권시장에서 거래를 수행한다.

프로그램 매매는 한국거래소KRX 사이트의 규정 및 제도에 아래와 같이 정의되어 있다.

한국 증권시장에서의 프로그램 매매는 모든 지수차익 거래와 동일인이 일시에 KOSPI 구성종목 중 15종목 이상을 거래하는 비차익거래를 의미합니다.

사이드카Sidecar라는 제도도 있는데 간략히만 살펴보자.

사이드카 제도는 프로그램 매매를 규제하는 가장 대표적인 방법으로 시장 상황이 급변할 경우 프로그램 매매의 호가 효력을 일시적으로 제한함으로써 프로그램 매매가 주식시장에 미치는 충격을 완화하고자 하는 제도입니다.

프로그램 매매는 컴퓨터 프로그램을 사용해서 주식 15개 종목 이상을 한 번에 주문해서 거래하는 방법이라고 생각하면 편하다.

코로나19로 인한 3월 12일 급락 시장에서 사이드카가 발동되어 프로그램 매매 호가 효력이 5분간 정지되었다. 여기서 프로그램 매매 호가 효력이 5분간 정지된다는 의미는 무엇인가? 증권시장에서 기관투자자와 외국인은 증권거래를 할 때 한두 종목씩 거래하는 것이 아니다. 현재 삼성전자의 시가총액이 코스피 시장의 33% 이상을 차지하고 있다. 삼성전자에서부터 시가총액 순으로 100～200개 종목을 한 번에 거래한다. 코스피가 어떤 불안요인에 의해 매물이 쏟아져 급등이나 급락하게 되면(주로 급락 시) 외국인이나 기관투자자는 대량의 주식을 빠르게 처분해야 한다. 이럴 때 프로그램 매매를 실행한다. 15종목 이상이 한 번에 주문이 들어가게 되면 거래소 주문 시스템에 "프로그램 매매"로 주문접수가 된다.

사이드카가 발동되면 이런 15개 종목이 한 번에 들어오는 주문처리를 접수하지 않겠다는 의미이다. 따라서 개별 종목 거래는 정상적으로 거래가 되는 것이고 15개 종목 이상의 프로그램 매매는 기관투자자나 외국인이 주문을 실행해도 거부된다. 사이드카가 발동되는 일은 흔치 않다. 따라서 평소에 대부분의 기관과 외국인은 코스피 시장이 5% 내외의 변동만 보이지 않으면 프로그램 매매를 자유롭게 실행한다.

사이드카와 달리 주식시장 전체 모든 종목의 거래를 중단하는 제도가 서킷브레이커 제도이다. 국내 주식시장에서도 최근 3월 코로나19로 인한 주식시장 변동성이 확대되어 3월 19일에는 코스피와 코스닥이 동시에 서킷브레이커가 발동되기도 하였다. 발동되면 20분간 매매거래가 중단되므로 시장이 급변동할 때는 투자 시 주의를 필요로 하니 참고해서 알아두면 되겠다.

국내 시장에서 프로그램 매매가 현재 어느 정도 이루어지고 있는지 확인이 가능하다. 요즘 대부분의 증권사 HTS에는 프로그램 매매 현황이라는 화면이 있다.

프로그램 매매 현황을 보면 차익거래, 비차익거래로 나뉘어져 있다. 차익거래는 주식과 함께 선물을 동시에 거래하여 리스크를 헤지하

프로그램매매현황

종합매매 | 시간대별종합 | 잔량/사전종목 | 종목일별/시간대별 | 종목전체 | 일별종합

코스피 / 코스닥   기준일   (단위:천주,백만원) 조 회

구분		매도		매수		순매수	
		수량	금액	수량	금액	수량	금액
차익거래	위탁	2,817	204,808	2,042	146,779	-775	-58,029
	자기	188	13,969	0	0	-188	-13,969
	합계	3,006	218,777	2,042	146,779	-964	-71,998
비차익거래	위탁	45,477	1,345,419	37,353	1,335,137	-8,124	-10,282
	자기	1,817	39,424	131	12,525	-1,686	-26,899
	합계	47,294	1,384,842	37,484	1,347,662	-9,810	-37,181
전체	위탁	48,294	1,550,227	39,395	1,481,916	-8,899	-68,311
	자기	2,005	53,392	131	12,525	-1,875	-40,867
	합계	50,299	1,603,619	39,526	1,494,441	-10,774	-109,178

▲ **프로그램 매매 현황**

는 거래이고, 비차익거래는 순수한 주식만 거래하는 것이다. 시장에서는 차익거래 기회가 간간히 발생하는데 그때마다 외인과 기관은 프로그램 매매를 실행한다. 개인들은 이런 차익거래를 할 수 없기 때문에 기본적으로 시장의 방향에만 의존하게 되어 매우 불리한 게임을 해야만 한다.

미국에도 프로그램 매매가 있는데, 2016년부터 NYSE Reports Center(https://www.nyse.com/markets/reports)에서 공식적인 프로그램 집계가 중단된 것으로 안내되고 있다. 홈페이지에서는 마지막으로 집계된 2016년 4월 25~29일 레포트를 참조할 수 있다.

미국 뉴욕증권거래소NYSE의 프로그램 트레이딩 과거 데이터

(Program trading encompasses a wide range of portfolio-trading strategies involving the purchase or sale of a basket of at least 15 stocks with a total value of $1 million or more.

Program trading is calculated as the sum of the shares bought, sold and sold short in program trades.)

April 25 - April 29, 2016

PROGRAM TRADING PURCHASES AND SALES

Trading on NYSE (Average Daily - Millions)	*Current Week*
Total Buy Programs	212.6
Total Sell Programs	194.8
Total CS2 Programs	17.6
Total Programs	425.0
Total NYSE Volume*	2,077.1
Program Trading as % of Total NYSE Buy + Sell Volume	**20.5%**

출처 : https://www.nyse.com/markets/reports

▲ **미국 증권거래소 프로그램 트레이딩 비중**(2016년 4월 25~29일)

위 그림을 보면 2016년 4월 말 미국의 프로그램 매매 거래 전체 규모가 약 20.5%로 나와 있다. 현재는 이보다 훨씬 높을 것으로 추측된다. 개인의 한두 종목 매매는 모두 이런 프로그램 매매의 홍수 속에서 이루어진다.

마지막으로 코스피 시장에서 프로그램 매매를 수행할 때 실제로 거래되는 상위종목을 살펴보자. Kodex200 ETF 안에 짜여진 시가총액 비중 포트폴리오를 보면 이해가 빠를 것이다.

다음 표는 2020년 4월 3일 기준 코덱스200 ETF의 기준 포트폴리오이다. 몇 가지만 살펴보자. 우선 삼성전자의 비중이 33.23%이다. 국

KODEX 200 투자종목정보 2020. 4. 3.

번호	종목명	종목코드	수량	비중(%)	평가금액(원)
1	삼성전자	005930	8,209	33.23	384,181,200
2	SK하이닉스	000660	977	6.76	78,160,000
3	NAVER	035420	221	3.32	38,343,500
4	셀트리온	068270	181	3.05	35,295,000
5	LG화학	051910	80	2.01	23,280,000
6	현대차	005380	246	1.84	21,303,600
7	엔씨소프트	036570	32	1.82	20,992,000
8	삼성SDI	006400	90	1.81	20,970,000
9	KB금융	105560	616	1.69	19,527,200
10	신한지주	055550	722	1.67	19,313,500
11	현대모비스	012330	113	1.63	18,871,000
12	POSCO	005490	120	1.62	18,720,000
13	LG생활건강	051900	16	1.57	18,160,000
14	SK텔레콤	017670	89	1.40	16,198,000
15	카카오	035720	96	1.30	15,072,000
16	삼성물산	028260	174	1.29	14,894,400
17	KT&G	033780	197	1.21	14,046,100
18	삼성바이오로직스	207940	25	1.00	11,612,500
19	기아차	000270	437	0.98	11,274,600
20	넷마블	251270	111	0.93	10,722,600
21	하나금융지주	086790	472	0.92	10,643,600
22	한국전력	015760	545	0.90	10,409,500
23	SK	034730	60	0.86	9,900,000
24	삼성화재	000810	54	0.81	9,342,000
25	LG전자	066570	189	0.81	9,317,700
26	삼성전기	009150	96	0.80	9,292,800
27	SK이노베이션	096770	100	0.78	9,040,000
28	아모레퍼시픽	090430	54	0.75	8,721,000
29	LG	003550	157	0.74	8,572,200
30	삼성에스디에스	018260	58	0.72	8,352,000

내 시장의 1/4 이상이 삼성전자라는 것이다. 3위 NAVER, 7위 엔씨소프트, 15위 카카오, 20위 넷마블 등 IT업체의 최근 몇 년 사이 약진도 눈에 띈다. 4위 셀트리온, 18위 삼성바이오로직스 같은 바이오 업체도 높은 비중을 차지하고 있다.

국내 시장에 투자하는 대부분의 인덱스 펀드는 이와 거의 비슷한 비율대로 종목을 선정(시가총액 순서대로 비율을 조정하는데 이를 바스켓이라고 한다)해 약 100~150개 정도의 종목을 한 번에 주문처리한다. 사실 100번째 정도 넘어가게 되면 시총에서 차지하는 비율이0.1% 수준이라 코스피200과 거의 유사하게 움직인다. 따라서 200종목까지 주문처리를 하지 않기 때문에 보통 100종목까지가 영향을 받는다고 생각하면 된다.

개인투자자 중에는 시총이 작고 가격이 싼 코스닥 종목을 좋아하는 분들이 있다. 그러나 기관투자자나 외국인은 그런 종목에 유동성을 제공하지 않는다. 바꿔 말하면 외국인은 그런 종목을 거의 매수하지 않는다. 시가총액이 큰 우량종목 위주로 투자해야 외국인과 기관투자자들의 매수 흐름에 동참하게 된다는 것을 고려해야 한다.

[프로그램 매매를 통해 생각해 볼 것]

기관과 외국인은 시가총액이 큰 종목에 대부분 투자한다. 시가총액이 큰 우량 대형주에 장기투자하는 것이 현명한 투자방법이다. 또한 코스피 동시 만기(3,

6, 9, 12월 둘째 주 목요일)에는 기관 및 외국인 투자자들이 포지션을 롤오버이월하거나 아니면 반드시 청산해야 한다. 따라서 만기일에는 시장의 거래량이 많고 비교적 큰 등락이 발생할 확률이 높다. 따라서 개인투자자가 투자상품 가입이나 환매를 할 경우에 만기일은 피하는 것도 혹시 모를 변동성을 피하는 방법이다.

02

변동성을 알아야 시장이 보인다

— 변동성을 모른다면 시장을 모르는 것이다. 이것은 마치 태풍이 오는 것을 모르고 당신 아파트의 베란다 창문을 훤히 열어두는 것과 같다.

출처 : SBS-구글

금융시장을 이해하기 위한 필수적인 요소 중 하나는 변동성이다. 저자가 처음 증권회사에서 신입사원으로 일을 시작했을 때 프로그램했던 것이 바로 변동성이다. 지금 생각해 보면 가장 중요한 내용을 감사히 배웠다는 생각이 든다. 금융기관의 여러 교육시간, 특히 파생상품 쪽 강의에 반드시 나오는 내용으로 여기서 자세히 설명할 것이다. 저자도 여러 교육과 강의를 수강해 보았는데 일반인이나 초보자가 이해하기에는 아쉬운 점이 많았다. 그래서 여기에서는 좀 다른 각도에서 생각해 볼 수 있는 몇 가지 내용으로 구성하였다. 또한 뒷부분에는 변동성을 계산하는 엑셀 VBA 로직을 부록으로 공개해 드리니 필요한 분은 잘 활용하기 바란다. 그대로 복사해서 엑셀에서 실행한다면 정확한 변동성을 산출해낼 수 있을 것이다.

여러분들은 방송이나 신문지상에서 미 증시가 급등락을 할 경우 "변동성"이 확대된다는 말을 수없이 많이 들었을 것이다. 하지만 대부분 그 변동성이라는 것이 무엇인지 정확히 말해 주는 곳이 없어 한편으로 답답했을 것이다. 저자에게도 많은 사람들이 문의를 해왔다. 그래서 여기에서 자세히 정리해 드리니 꼭 자리 한편에 꽂아두고 필요할 때 참고하기를 바란다.

변동성이란 무엇인가?

금융시장에서 변동성Volatility은 흔히 시간의 경과에 따른 자산가격의 변동 정도를 말한다. 쉽게 말하면 하루하루 변화되는 상품 가격의 변동 정도를 수치로 환산해서 나타내는 것이다. 변동성은 일반적으로 로그 수익률logarithmic returns의 표준편차standard deviation로 측정되는데, 변동성이 높을수록 더 큰 위험에 대한 보상risk premium을 요구한다. 수학적인 내용이므로 그냥 그렇다는 정도로만 이해하면 된다.

변동성을 산출할 때 일반적으로 로그 수익률을 사용하는 이유는 여러 가지가 있다.

첫째, 수익률 "0"을 기준으로 정확히 대칭을 이루고

둘째, 수익률 간 단순 합산이 가능하기 때문이다.

2020년 3월 코스피200 종가

날짜	코스피200	일반수익률	로그 수익률
3월 31일	236.82	1.88%	1.86%
3월 30일	232.45	-0.57%	-0.57%
3월 27일	233.79	1.94%	1.92%
3월 26일	229.34	-1.52%	-1.54%
3월 25일	232.89	5.70%	5.54%
3월 24일	220.34	9.15%	8.75%
3월 23일	201.87	-5.52%	-5.68%
3월 20일	213.67	7.22%	6.97%
3월 19일	199.28	-7.67%	-7.98%
3월 18일	215.83	-4.87%	-5.00%
3월 17일	226.89	-2.61%	-2.64%
3월 16일	232.97	-3.19%	-3.24%
3월 13일	240.65	-2.81%	-2.86%
3월 12일	247.62	-3.65%	-3.72%
3월 11일	257.01	-2.89%	-2.94%
3월 10일	264.67	0.59%	0.59%
3월 9일	263.11	-4.36%	-4.46%
3월 6일	275.10	-2.23%	-2.26%
3월 5일	281.38	1.17%	1.16%
3월 4일	278.13	2.42%	2.39%
3월 3일	271.56	0.44%	0.44%
3월 2일	270.37		
단순 수익률 합계		**-11.41%**	**-13.25%**
3월 한 달 수익률		**-12.41%**	**-13.25%**

앞의 표를 보면 이해가 빠를 것이다. 2020년 3월 코스피200의 종가이다.

- 일반수익률 = $\frac{(종가 - 시가)}{시가}$
- 로그 수익률 = $\ln(\frac{종가}{시가})$

여기서 단순 수익률 합계는 한 달간 수익률을 그대로 모두 더한 값이다.

3월 한 달간 수익률을 두 가지 방식으로 계산해 보면

- 일반수익률 = $\frac{(236.82 - 270.37)}{270.37} = -12.41$
- 로그 수익률 = $\ln(\frac{236.82}{270.37}) = -13.25$

이와 같이 로그 수익률은 자연로그를 활용해서 상승이나 하락 시 좌우 대칭의 수익률을 얻을 수 있고 단순히 일자별 수익률 값을 모두 합산한 결과와 동일하기 때문에 변동성을 측정할 때 자주 사용된다.

위에서 로그 수익률을 구했으므로 변동성은 표준편차를 산출하면 알 수 있다.

엑셀함수 중에 표준편차를 계산해 주는 stdev( ) 함수를 이용하면 편리하게 구할 수 있다.

- 변동성 = stdev(3월 2~31일의 로그 수익률) = 4.2365%

다음으로 매우 중요한 변동성의 두 가지 종류에 대해서 알아보자. 변동성은 크게 역사적 변동성HV과 내재 변동성IV 두 가지로 구분된다. 두 가지 개념 모두 금융시장을 이해하는 데 매우 중요하다.

역사적 변동성 HV Historical Volatility—"과거"

역사적 변동성은 방향을 측정하는 것이 아니라 일정 기간 수익률의 변동을 의미하는 것으로, 과거 일별 수익률이 평균에서 얼마나 흩어져 있느냐를 측정하는 것이다. 변동성이 평균보다 높아지거나 더 높아지려고 할 때 이는 가격이 평소보다 더 빠르게 상승 혹은 하락하고 있음을 의미하며, 시장에서 무언가 변화가 예상되거나 이미 변화되었음을 나타낸다. 불확실성이 제거되면 변동성은 감소하며 평균으로 회귀하는 모습을 보인다.

다음 그림은 2020년 4월 코스피 지수와 VIX 지수 차트이다. S&P500 VIX 지수는 대표적인 역사적 변동성 지수로 글로벌 증시가 동반 급락할 때 코스피 하락과 거의 정반대의 모습으로 급등하는 흐름을 보인다.

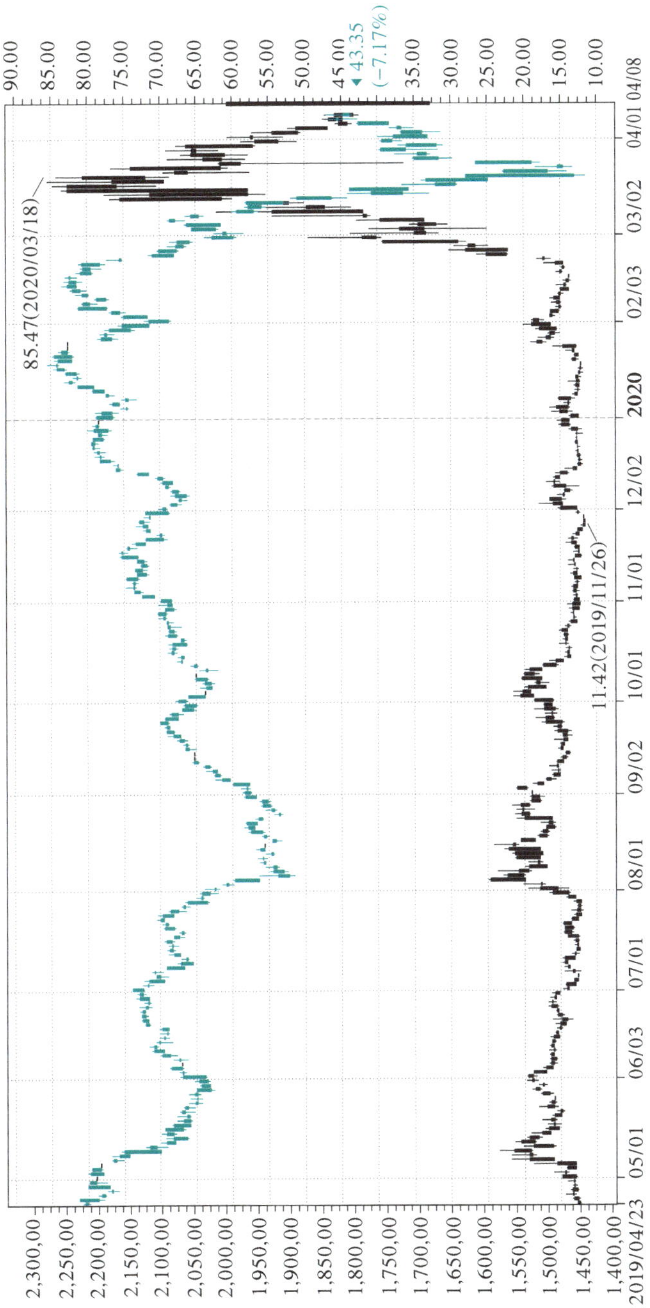

▲ **2020년 4월 코스피 지수**(좌축)**와 VIX 지수**(우축)

그럼 여기서 한 가지 의문이 든다. 얼마 수준의 변동성이 적당한가? 시점에 따라 다르다. 하지만 몇 가지 원칙을 알면 시장에 접근하는 데 도움을 받을 수 있다.

앞의 그림에서 VIX 지수 변동성을 보면 2020년 코로나19로 인한 글로벌 증시 하락시기 전까지 대략 15% 정도의 낮은 변동성을 기준으로 소폭 등락을 지속했던 것을 알 수 있다. 물론 10여 년 전부터 변동성은 지속적으로 하향 안정화 추세를 이어오고 있었다. 하지만 20% 이하의 낮은 변동성 구간에 진입하게 되면 더 이상 변동성은 하락하지 않고 시장의 불안정한 뉴스에 민감하게 반응한다. 코스피의 내재 변동성은 크게 10~20%는 낮은 변동성, 20~30%는 중간 변동성, 30% 이상이면 높은 변동성으로 구분할 수 있다.

이런 특성을 갖고 있다고 생각해 낮은 변동성을 사라고 권유하는 사람도 있으나 그것은 그리 좋은 투자방법이 아니다. 왜냐하면 살 때마다 만기에 휴지조각이 될 확률이 대부분이기 때문이다. 오히려 변동성이 급등했을 때 변동성 축소에 정비례하는 상품에 투자하는 것이 효율적이다.

국내 증시에는 S&P500의 변동성 확대에 투자하는 상품만이 거래소에 상장되어 있다. 반대의 상품이 상장되어야 변동성이 축소되는 흐름에서 수익을 얻을 수 있는데 말이다.

한 가지 더 살펴볼 것은 채권의 스프레드이다. 다음 그림과 같이 금융시장의 변동성이 상승하게 되면 채권의 스프레드(국채와 회사채의 금리차이)가 확대된다. 위험이 높은 채권의 가격이 급락하게 되는 것이다. 당연히 채권에 투자하는 펀드 등의 수익률이 급락하는 흐름을 보인다.

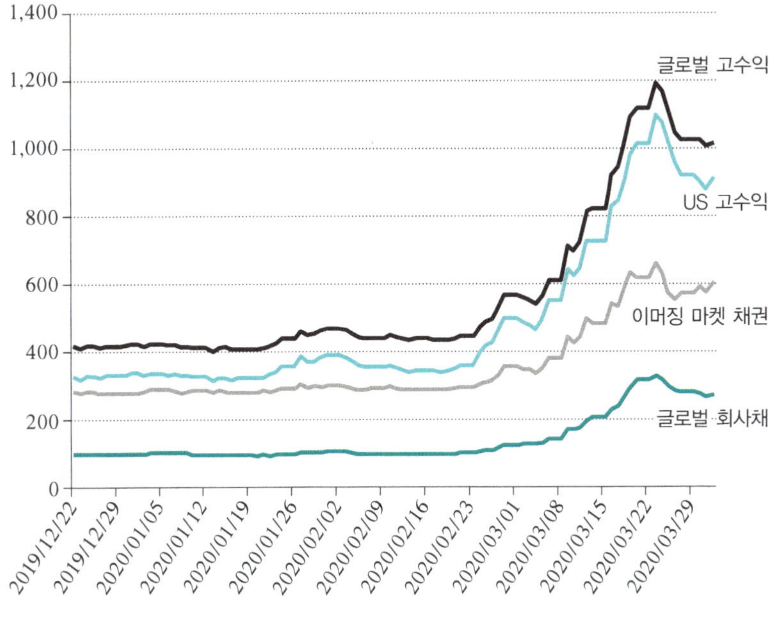

▲ **글로벌 채권 스프레드 차트**

이와 같이 변동성은 주식과 채권 등 여러 금융자산들의 가격에 밀접한 영향을 준다.

내재 변동성 IV Implied Volatility, Intrinsic Volatility**—"미래"**

역사적 변동성과 달리 상품의 실제 거래가격이 미래에 얼마나 변할 것인가를 나타내는 수치이다. 즉, 내재 변동성은 시장이 예상하는 기초자산 가격의 미래 변동 가능성이다. 옵션에서 미래의 변동성이 높아질 것으로 예상되면 가격이 더 비싸지고, 반면 미래의 변동성이 낮아질 것으로 예상되면 가격은 하락한다.

내재 변동성은 매우 중요하다. 요즘 개인들이 어렵지 않게 가입할 수 있는 ELS나 기타 투자형 상품에 기본적으로 옵션 상품이 활용되는데, 코스피 3년 만기 ELS 연간 수익률이 3%, 5% 하는 것들이 차이 나는 이유가 바로 옵션의 내재 변동성 때문이다. 2020년 3월 코로나19로 인한 주식시장 폭락으로 코스피를 기초자산으로 하는 인덱스형 ELS의 쿠폰(수익률)은 작년 발행된 동일한 ELS보다 훨씬 높게 나오고 있다. 이는 옵션의 내재 변동성이 높아졌기 때문이다.

내재 변동성은 옵션의 가격을 산출할 때 많이 언급되는 내용이다. 2000년대 초반부터 10여 년간 코스피 옵션은 거래량 기준 세계 최대 시장이었다. 그만큼 투기적인 상품이다 보니 여러 문제점이 발생해 다양한 제재를 하였고 현재는 10위권 밖으로 밀려났다.

다음 그림은 코스피200 지수가 상승 혹은 하락했을 때의 옵션 가격을 가정한 것이다. 하나의 가정이지만 의미하는 바가 있으므로 잘 읽어보기 바란다.

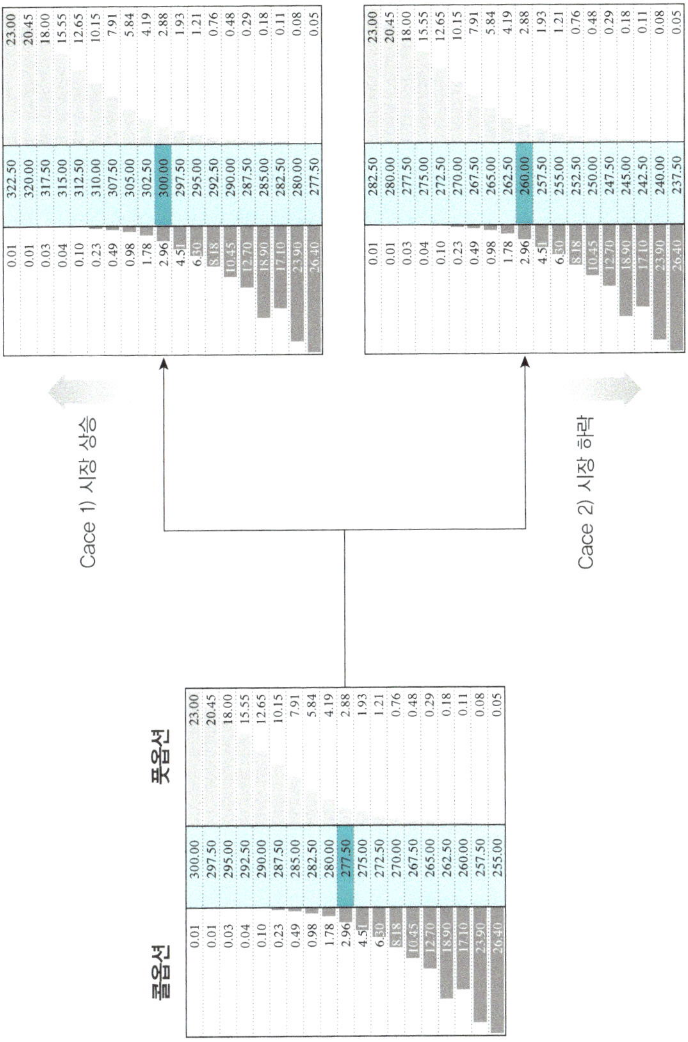

▲ 옵션 내재 변동성의 변화 이해

코스피200이 크게 상승했거나 하락했는데도 불구하고 콜옵션과 풋옵션의 가격은 그대로이다(이해를 돕기 위해 동일하게 설정하였다). 시장이 크게 변화하면 변동성이 상승해야 하지 않는가? 즉, 이 그림은 극

단적으로 코스피 시장의 옵션 내재 변동성이 예상하는 것처럼 상승하지 않고 지수가 등락을 하더라도 원래 가격 그대로라고 표현해 본 것이다.

코스피 정기 옵션은 매월 1개월 단위로 만기가 돌아오는데, 과거 시장 초기보다 다양한 시스템 트레이딩 거래가 늘어나면서 가격의 효율화가 급속히 진행되었다. 따라서 시장의 급등락이 발생하면 그때 변동성이 확대되는 것은 맞지만 높은 변동성이 유지되는 시간이 과거 옵션시장 초기에 비해 너무 짧다. 며칠 만에 다시 원래의 내재 변동성 상태로 다시 회귀해 버리는 경우가 대다수이다. 아니 사실 하루 이틀이면 거의 되돌아가는 경우가 대부분이다. 더군다나 시간이 지나면서 옵션의 시간 가치가 감소하는데 일반인들이 느끼는 단기간의 변동성 상승은 결국 매수자에게 불리한 결과로 돌아온다.

정리하면 코스피 시장의 내재 변동성은 과거 30~40%를 유지하던 높은 수준이 아니고 10~20% 정도의 낮은 변동성 수준을 유지하는 정도로 변화되었다. 돌발적인 변수에 의해 잠시 큰 변동성 상승이 있을 수 있으나 빠르게 축소된다. 2020년 3월의 코로나19로 인한 증시 급락으로 변동성이 크게 상승해 있는 경우는 예외적인 경우이다. 이번 변동성 또한 시간이 지날수록 빠르게 감소할 것이다.

결론적으로 코스피 옵션의 내재 변동성이 낮다는 생각에 조만간 옵션의 변동성이 상승할 것이라고 베팅(옵션을 매수)하는 것은 매우 낮은 확률로 복권을 사는 것과 같다. 코스피 시장이 외국인들에게 완전히 개방된 현재의 시장에서 코스피 옵션의 변동성 상승은 잠시일 뿐이다. 오히려 변동성이 크게 상승하면 다양한 헤지 전략과 선진 트레이딩 기법들로 무장한 외국인들의 시스템들이 빠르게 기회를 가져갈 수 있다는 것을 반드시 기억해야 한다.

VIX Volatility Index란 무엇인가?

앞에서 S&P500 VIX 지수에 대해 차트로 잠시 살펴보았다. 여기서는 많은 이들이 자주 듣지만 잘 알지 못하고 궁금해 하는 VIX 변동성 지수에 대해 자세히 알아본다. 또한 미국 시장에 상장되어 있는 VIX ETF/ETN 상품의 투자방법과 투자할 때의 주의점 등에 대해서도 살펴본다.

출처 : 머니투데이

미국 시장이 급락할 때마다 방송이나 기사에서는 어김없이 변동성 상승을 이야기하며 VIX를 언급한다. 하지만 그 VIX가 뭔지 정확히 알 수 없어 답답한 분이 많았을 것이다. 국내 증시에도 VIX 관련 투자상품이 상장되어 있는 만큼 알아두면 투자의 기회가 나타날 것이다. 저자가 볼 때 1년에 두세 번은 기회가 나타나는 것 같다.

시카고 옵션거래소 홈페이지 http://www.cboe.com/micro/vix/vixwhite.pdf에 가면 20페이지짜리 VIX White Paper(백서)를 다운받을 수 있다.

백서의 3페이지에 나오는 정의 부분은 오른쪽 그림과 같다.

번역해서 간략히 정리하면 원래 VIX는 S&P100

출처 : http://www.cboe.com/micro/vix/ vixwhite.pdf

Introduction

In 1993, Cboe Global Markets, Incorporated® (Cboe®) introduced the Cboe Volatility Index® (VIX® Index), which was originally designed to measure the market's expectation of 30-day volatility implied by at-the-money S&P 100® Index (OEX® Index) option prices. The VIX Index soon became the premier benchmark for U.S. stock market volatility. It is regularly featured in the Wall Street Journal, Barron's and other leading financial publications, as well as business news shows on CNBC, Bloomberg TV and CNN/Money, where the VIX Index is often referred to as the "fear gauge."

Ten years later in 2003, Cboe together with Goldman Sachs, updated the VIX Index to reflect a new way to measure expected volatility, one that continues to be widely used by financial theorists, risk managers and volatility traders alike. The new VIX Index is based on the S&P 500® Index (SPX℠), the core index for U.S. equities, and estimates expected volatility by aggregating the weighted prices of SPX puts and calls over a wide range of strike prices. By supplying a script for replicating volatility exposure with a portfolio of SPX options, this new methodology transformed the VIX Index from an abstract concept into a practical standard for trading and hedging volatility.

▲ **VIX의 정의**(VIX White Paper p.3.)

지수가 내포하는 30일 변동성에 대한 기대치를 측정하기 위해 설계되었다. 그후 10년 후인 2003년 골드만 삭스와 함께 VIX 지수를 업데이트해서 미국의 핵심 지수인 S&P500 지수를 기반으로 예상 주가 변동성을 추정하는 지수로 개발되었다.

한마디로 정리하면,

> VIX의 산술적 의미는 "S&P500 지수 옵션의 미래 30일간의 변동성에 대한 기대를 수치로 환산한 값"이다.

즉, VIX는 S&P500 지수가 향후 30일 동안 얼마나 안정적인 흐름으로 움직일 것인지를 옵션의 미래 변동성을 사용해 수치로 나타낸 것이다. 시장 참여자들이 앞으로 30일 동안 폭등이나 폭락을 예상한다면 S&P500 지수 옵션의 내재 변동성은 높아지고 VIX 지수는 상승할 것이다. 반면 완만한 흐름이나 보합을 예상한다면 VIX 지수는 하락 압력을 받으며 안정된 흐름을 보일 것이다. 신기하게도 말이다. 옵션의 내재 변동성이 "미래"를 의미한다는 사실은 앞에서 이미 말하였다. 보통 시장의 큰 하락을 예상할 경우 VIX 지수가 급격히 상승하는 흐름을 보이는데, 이로 인해 VIX는 공포지수Fear index or Fear gauge라고 불리기도 한다.

백서의 9페이지를 보면 VIX를 계산하는 공식이 설명되어져 있다.

$$\text{VIX} = 100 \times \sqrt{\left\{T_1\sigma_1^2\left[\frac{N_{T_2}-N_{30}}{N_{T_2}-N_{T_1}}\right]+T_2\sigma_2^2\left[\frac{N_{30}-N_{T_1}}{N_{T_2}-N_{T_1}}\right]\right\}\times\frac{N_{365}}{N_{30}}}$$

$$\sigma_1^2 = \frac{2}{T_1}\sum_i\frac{\Delta K_i}{K_i^2}e^{R_1T_1}Q(K_i)-\frac{1}{T_1}\left[\frac{F_1}{K_0}-1\right]^2$$

$$\sigma_2^2 = \frac{2}{T_2}\sum_i\frac{\Delta K_i}{K_i^2}e^{R_2T_2}Q(K_i)-\frac{1}{T_2}\left[\frac{F_2}{K_0}-1\right]^2$$

위의 산식을 이해할 필요는 없으나 궁금해 하는 분이 있을 거 같아 참고로 넣었다.

위의 산식이 의미하는 것을 정리하면 "콜옵션과 풋옵션의 가격분포를 가지고 변동성을 계산하며, 이 값들은 근월물 옵션으로 산출한 값과 차근월물 옵션으로 산출한 값을 기간가중평균 보정을 통하여 30일간의 예상 변동성으로 표시한다"는 것이다.

결론적으로 VIX는 "향후 30일간 시장의 미래 변동에 대한 기대를 수치로 표현한 것이다." 이 정도로 이해하면 될 것 같다.

▪ 해외 VIX 상품에 투자하려면

VIX에 투자하고 싶다면 해외 ETF 및 ETN 상품을 활용할 수 있다. 국내에는 정방향 상품만 있는 반면 해외에는 역방향Reverse, Inverse 상품도 있다. 사실 저자는 국내에 VIX 상품이 상장된다는 소식을 들었을 때 당연히 역방향 ETF 및 ETN도 상장될 거라 생각했다. 하지만 결국 여러 가지 이유로 정방향 상품만 상장됐다고 하는데, 이는 개인투자자에게는 절대적으로 불리한 게임이다. 언제 변동성이 상승할 줄 알고 이 상품을 사겠는가? 기본적으로 변동성 상품은 예측하고 투자하는 것이 아니고 변동성이 단기간에 급격히 상승했거나 하락하는 상황이 발생했을 경우 그 다음 반대의 흐름(변동성이 축소되는)을 예상하고 투자하는 것이다.

이해가 안 가는 분들은 지금부터의 내용을 여러 번 잘 읽어보기 바란다. VIX에 투자하는 정방향과 역방향 중 어떤 상품에 투자하는 것이 유리하고 수익을 낼 가능성이 높을까? 변동성이 상승할 것으로 예상하고 투자하는 정방향 상품은 오히려 손실을 볼 확률이 높다. 기본적으로 변동성 상품은 시간이 가면 가치가 감소Time decay하는 구조로 되어 있다. 잠깐의 변동성 상승을 예상하고 국내에 상장된 변동성 ETN 상품을 자주 거래하는 것은 손실을 볼 확률이 높다. 변동성은 장기 하향 안정화되는 구조를 가진다. 따라서 역방향 상품을 적절히 활용하는 것이 현명한 투자 방법이다. 이는 때를 기다리는 투자와 같다. 미 증시가 폭락할 때를 기다려서 급락한 역방향 ETF/ETN 중에 적합한 상품에 투자하는 방법을 이해한다면 그 다음은 시간이 알아서 해결해 준다. 날짜가 지날수록 변동성의 시간가치 감소Time decay 현상이 이어지기 때문이다. 물론 정방향 상품도 투자하기 적합한 VIX의 하단 레벨이 있는데,

이는 역사적 변동성을 보면서 이해하고 접근해야 한다. 앞에서 역사적 변동성은 '과거'라고 말하였다. 역사적 변동성의 하단 레벨까지 내려온 변동성은 더 이상 하락하지 않는 특징이 있다. 이유는 S&P500 옵션의 시간가치는 거의 소멸하고 내재가치 정도만 남았다는 의미이다. 내재가치 수준에서의 변동성에서 VIX는 시간이 지나도 더 이상 하락하지 않는다. 바꿔 말하면 S&P500 지수가 장기간 상승했을 것이고 조만간 하락이 다가올 수도 있는 가능성이 높아진다고 생각해야 한다. 다음에 차트를 보며 자세히 설명할 것이다.

미국에 상장된 변동성 ETP는 시장의 급등 혹은 급락 시 다양한 상품으로 대응할 수 있다는 것이 가장 큰 장점이다. 또한 VIX뿐 아니라 유럽의 EuroStoxx의 변동성 지수인 VSTOXX에도 투자가 가능하다. 우리나라와 달리 이것 또한 정방향과 역방향 모두 상장되어 있다. 개인 투자자들을 위해 국내 증시에도 빠른 시일 내에 역방향 VIX ETP 상품이 상장되기를 바란다.

승수가 -1X로 표시된 것이 역방향으로 투자하는 상품이고, 기초물이 VSTOXX인 것은 유럽 지수인 유로스톡스의 변동성에 투자하는 상품이다. 즉, 유럽의 증시가 폭락할 것으로 예상한다면 이 상품을 매수하면 된다. 하지만 앞서 살펴보았듯이 우리는 폭락을 예상하고 투자하면 안 된다. 그런 상황이 발생한다면 반대의 역방향 상품으로 접근해야 한다고 앞에서 이미 말하였다.

미국 시장에 상장된 VIX와 유로스톡스 관련 ETF/ETN 상품

Ticker	FUND NAME	기초물	승수
VXX	iPath S&P 500 VIX Short-Term Futures ETN	VIX	1X
VXXB	iPath Series B S&P 500 VIX Short-Term Futures ETN	VIX	1X
VIXY	ProShares Short VIX Short-Term Futures ETF	VIX	1X
VXZ	iPath S&P500 VIX Mid-Term Futures ETN	VIX	1X
VIXM	ProShares VIX Mid-Term Futures ETF	VIX	1X
XVZ	iPaht S&P500 Dynamic VIX ETN	VIX	1X
VIIX	Velocity Daily Long VIX Short-Term ETN	VIX	1X
VXZB	iPath Series B S&P 500 VIX Mid-Term Futures ETN	VIX	1X
VMAX	REX VolMAXX Long VIX Weekly Futures Strategy ETF	VIX	1X
VIIZ	VelocityShares VIX Medium Term ETN	VIX	1X
ZIV	VelocityShares Daily Inverse VIX Medium-Term ETN	VIX	-1X
SVXY	ProShares Short VIX Short-Term Futures ETF	VIX	-1X
XIV	VelocityShares Daily Inverse VIX Short-Term ETN	VIX	-1X
VMIN	REX VolMAXX Short VIX Weekly Futures Strategy ETF	VIX	-1X
TVIZ	VelocityShares Daily 2X VIX Medterm-Term ETN	VIX	2X
TVIX	VelocityShares Daily 2X VIX Short-Term ETN	VIX	2X
UVXY	ProShares Ultra VIX Short-Term Futures ETF	VIX	2X
EVIX	VelocityShares 1X Long VSTOXX Futures ETN	VSTOXX	1X
EXIV	VelocityShares 1X Daily Inverse VSTOXX Futures ETN	VSTOXX	-1X

미국 시장에는 위와 같이 정방향, 역방향, 2배 레버리지 등 다양한 종류의 변동성 ETP 상품이 상장되어 있다. 투자를 할 때는 당연히 달러로 환전해서 거래해야 한다. 요즘에는 증권사 HTS에서 실시간으로 정해진 시간대에 편리하게 환전처리가 가능하다. 원화가 강세인 시점

에 환전 후 미 증시나 유럽의 증시가 폭락하는 타이밍을 잡아서 투자하는 것도 팁이다.

그럼 실제 이런 변동성 ETF 및 ETN 상품이 올해 3월 코로나로 인한 미 증시의 폭락 시에 어떻게 움직였는지 차트로 살펴보자.

다음 페이지의 그림은 미국 VIX 선물 변동성 차트이다. 3월 코로나19 발생 전까지 낮은 수준에서 횡보하던 변동성이 3월 코로나19 팬데믹 선언으로 전 세계 증시가 폭락하며 급등한 것을 볼 수 있다. 즉, 변동성의 흐름만 보더라도 현재 투자자들이 느끼는 시장의 불안감이 어느 정도인지 대략 짐작할 수 있다. 아직 코로나19 이전의 안정된 투자심리까지는 좀 더 시간이 필요하다는 것도 그림으로 확인할 수 있다.

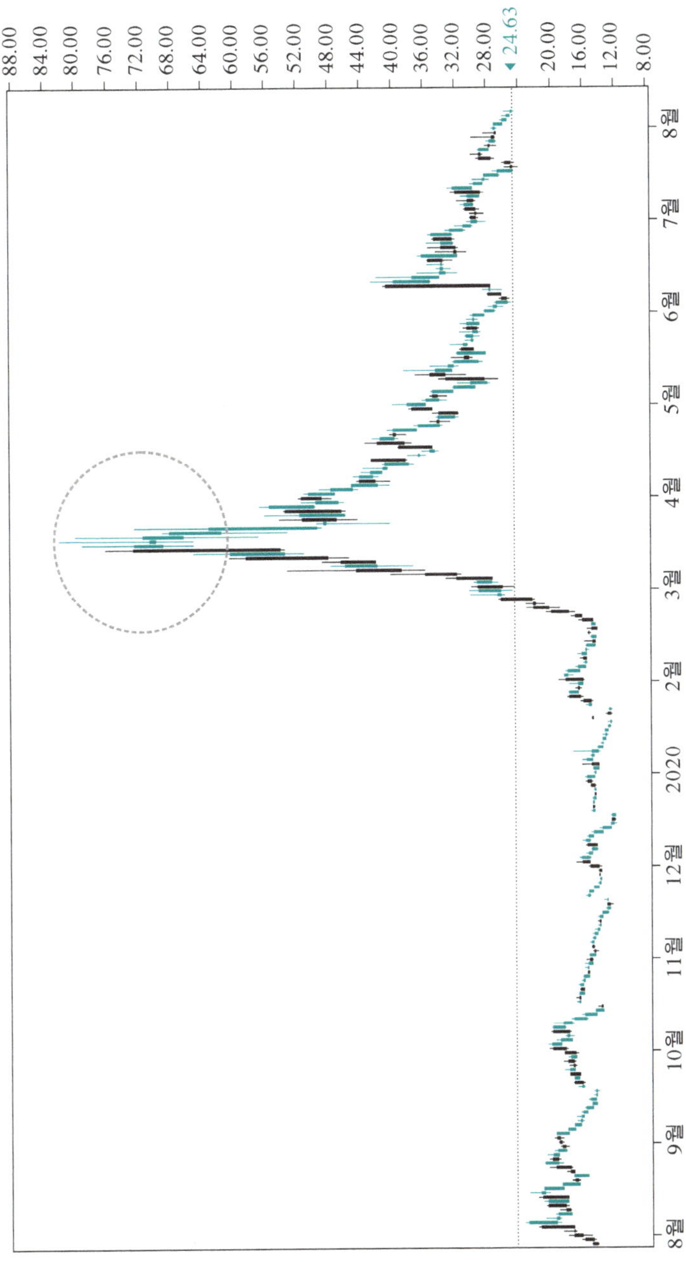

출처 : 인베스팅닷컴

▲ S&P500 VIX 선물 차트

그럼 다음으로 이런 상황이 발생했을 때 미국에 상장된 VIX 변동성을 어떻게 활용할 수 있을지 살펴보자.

1) 정방향 ETN

출처 : 인베스팅닷컴

▲ VXX 차트

대표적인 정방향 상품이다. 코로나 19는 예상치 못했던 사건이었다. 코로나를 예상하고 미 증시 폭락을 생각해서 VXX ETF를 매수하고 기다리는 것은 어리석은 것이다. 차트를 보다시피 3월 이전까지 VXX는 지속 하락하고 있었다. 정방향 변동성 상품은 시간이 갈수록 하향하는 흐름을 보인다. 물론 3월 미 증시가 폭락하자마자 바로 VXX를 매수했다면 수익을 낼 수도 있었을 것이다. 그러나 3월의 폭락장은 전혀 예상치 못한 것이었다. 예상하고 매수하면 시간이 갈수록 손실이다.

2) 역방향 ETF

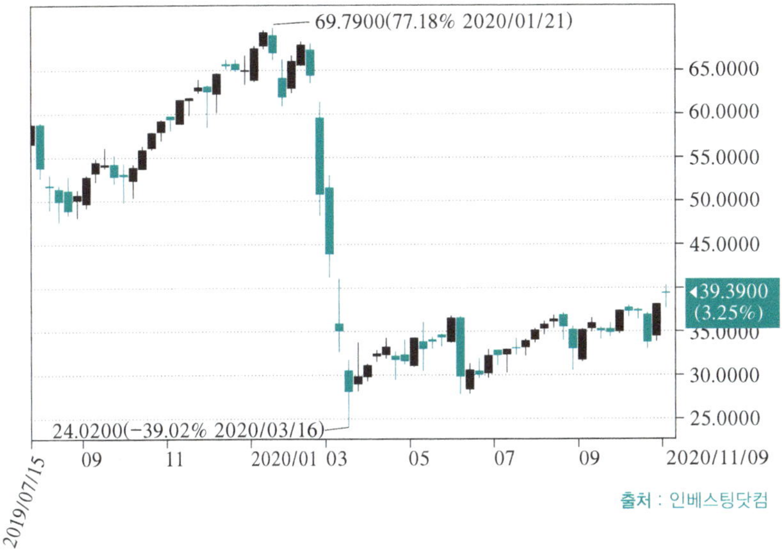

출처 : 인베스팅닷컴

▲ SVXY 차트

역방향 ETF 상품이다. 3월 S&P500이 폭락하자 역방향 변동성 상품도 폭락한다. 따라서 미 증시가 폭락 후 안정화되기 시작하는 시점에 이 상품을 매수하고 기다려야 한다. 3월의 폭락장 이후 4~9월 사이 미 증시가 안정화되는 구간 어디에서 매수했더라도 현재 11월 평가 수익이다. 곰곰히 생각해 보라. 이 상품은 역방향 상품이다. 시간가치 감소Time decay는 정방향 상품에 불리하지만 반대로 위와 같은 역방향 상품에는 유리하다. 시간이 갈수록 미 증시가 다시 폭락하지 않는다면 서서히 올라오게 되어 있다.

다음으로 한국거래소KRX에 상장되어 있는 VIX 변동성 투자 상품과 외국인이 이러한 변동성을 활용해서 거래하는 방법 중 참고적으로 파생상품 포지션에 관해 잠시 살펴보자.

우선 한국거래소에 상장되어 있는 미국 S&P500 변동성에 투자하는 상품을 살펴보자.

2020년 8월 20일 기준 한국거래소 상장 VIX ETN

종목코드	명칭
530065	삼성 S&P500 VIX S/T 선물 ETN(H) B
500045	신한 S&P500 VIX S/T 선물 ETN B
550058	QV S&P500 VIX S/T 선물 ETN B

현재는 위의 세 가지 상품이 존재한다. ETN은 만기가 존재한다. 따라서 투자하고자 한다면 위 상품의 만기와 실시간 지표 가치를 반드시 확인해야 할 것이다.

앞에서 S&P500 VIX 지수가 코로나19 사태로 급등했던 차트를 살펴보았는데, 당시 ETN 상품의 가격은 어떻게 움직였는지 한 종목을 차트로 확인해 보면 다음 그림과 같다.

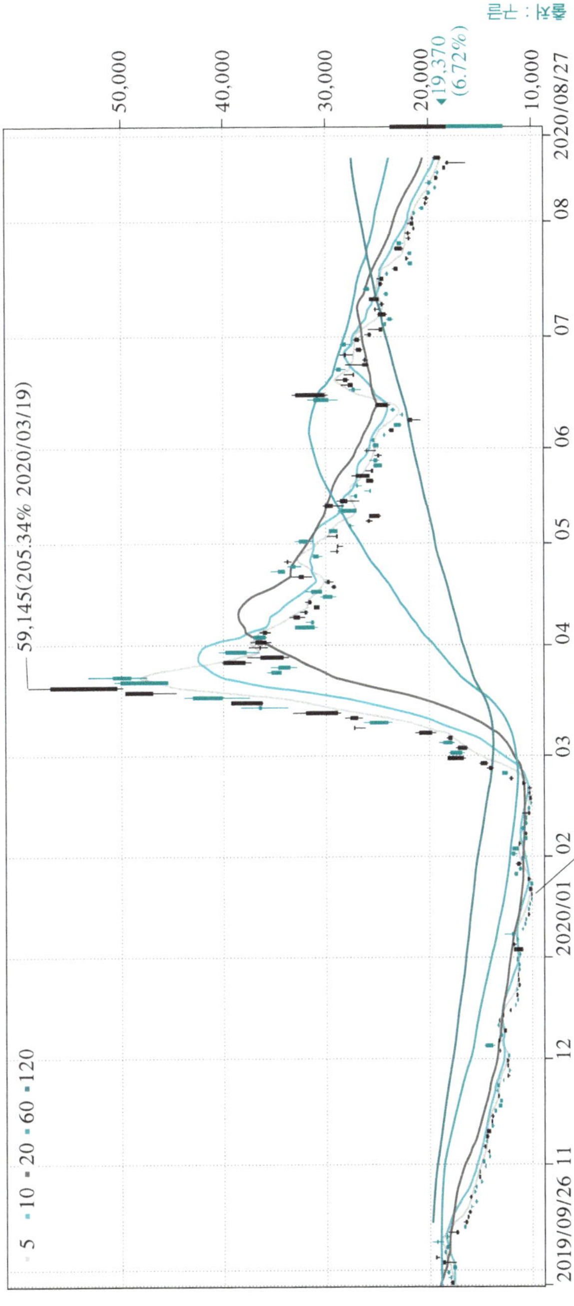

▲ 삼성 S&P500 VIX S/T 선물 ETN(H) B

앞서 살펴봤던 S&P500 VIX 선물지수의 흐름과 거의 유사한 모양인 것을 확인할 수 있다. 변동성 수준에 대한 이해가 확실한 사람이라면 앞의 표에서 본 세 가지 상품 중 하나를 적당한 시점에 투자하는 것으로 투자자산의 위험을 일부 헤지할 수 있을 것이다.

다음으로 외국인의 파생상품 미결제 포지션을 가지고 미래 주식시장 방향성을 예측하는 방법을 살펴보자.

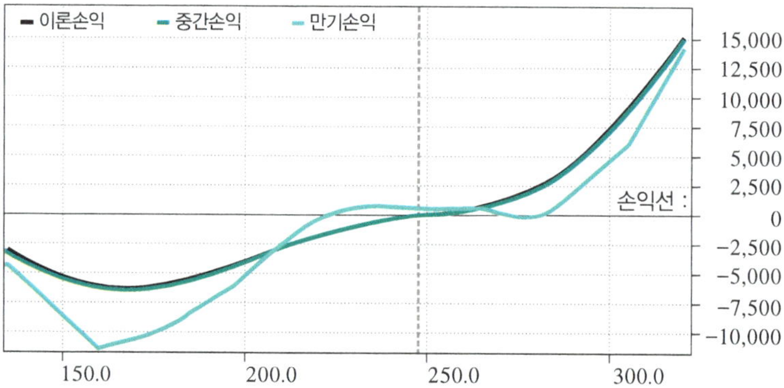

▲ **5월 외국인 투자자의 옵션 미결제잔고 포지션**

2020년 4월 14일 현재 외국인은 코스피 선물에 대해 약 5만 계약 가까이 매수 포지션을 가지고 있다. 강한 시장 상승을 예측하는 전략이다. 위 그림은 외국인의 5월물 최근 월물 기준 옵션 포지션 그래프이다. 만기 손익 그래프를 보면 옵션에서도 시장 상승을 예상하는 전략을 취하고 있는 것을 짐작할 수 있다.

옵션 전략에 대한 전문가적인 수준의 내용을 여기서 전부 설명하기는 어렵다. 분량이 많고 이해하기 어렵기 때문이다. 하지만 그래프를 보는 정도는 알아둘 필요가 있다. 요즘에는 증권사 HTS 시스템에 외국인의 포지션을 확인할 수 있는 화면이 많이 있다.

증권시장에서 외국인은 주식 포트폴리오를 조정하면서 파생상품 시장에서 다양한 전략을 사용함으로써 수익을 추구한다. 이때 외국인은 변동성 수준을 보고 매수나 매도 포지션의 비율을 조정한다. 단지 외국인이 주식을 사거나 판다는 한 가지 내용만 보고 시장에 접근한다면 개인투자자들은 전혀 다른 결과를 얻을 수 있다. 외국인의 주식 매매 현황과 함께 파생상품의 매매 현황과 변동성도 반드시 함께 확인해야 한다.

〈여기서 기억해야 할 것〉

이 절에서는 변동성에 대해서 개념부터 시작해서 외국인의 포지션까지 비교적 상세히 설명하였다. 이렇게 자세하게 설명한 이유는 변동성이 그만큼 중요하기 때문이다.

첫째, 변동성이 상승하기 시작하면 일정 기간 동안 지속적으로 상승한다. 따라서 변동성이 확대되는 시기에 대한 투자는 반드시 주의를 필요로 한다. 투자금액을 축소하고 기간을 나누어 분산투자로 대응해야 하는 기간이다.

둘째, 변동성이 최고조에 달하면 소위 패닉셀(시장이 하락할 때 공포 심리로 인하여 가격을 가만하지 않고 매도하는 현상)이 나온다. 하지만 이런 과매도가 지나간 이후 변동성은 상당 기간 동안 지속적으로 하락한다. 이때는 코스피 시장에 상장되어 있는 변동성 확대에 투자하는 상품에는 상당 기간 투자하지 말아야 한다. 매수자에게 절대 불리한 상품이기 때문이다.

금융시장의 전문가 정도가 되면 사실 역사적 변동성과 내재 변동성의 수준과 흐름만 보고도 현재 시장을 대략 판단할 수 있다. 또한 어떤 상품으로 대응해야 할지 감이 오기 마련이다. 실제 투자상품이나 대응방법 등에 대해서 이 책에서 모두 설명하기는 어려우나 다음 기회가 있을 것으로 생각한다. 변동성에 관해서 확실한 이해를 한다면 당신의 투자 위험을 상당 부분 줄일 수 있을 것이다.

[부록]

엑셀 VBA Visual Basic Application를 활용한 블랙-숄즈 옵션 가격결정모형

최근에 핀테크 업체들이 성장하면서 코딩에 관한 관심이 뜨겁다. 강남에서는 코딩학원들이 성황리에 학생들을 받는다는 기사를 본 적이 있다. IT에 전문가이지만 '어린 학생들이 그렇게까지 할 필요는 없을 텐데' 라는 개인적 생각이 든다. 필요하면 차후에 해도 늦지 않을 듯하다. 천재 프로그래머가 목표가 아니라면 말이다. 또한 천재 해커나 프로그래머는 열심히 노력한다고 해서 될 수 있는 것은 아닌 것 같다.

필요하거나 관심이 있는 분을 위해 저자가 신입사원 시절 코딩에서 활용했던 블랙-숄즈 모형을 친절히 공개해 드린다. 프로그램은 시간이 지나도 거짓말을 하지 않는다. 과거 이 프로그램 로직으로 옵션 전문가 과정 우수상을 수상했던 기억이 난다. 20여 년 전만 해도 블랙-숄즈 모델이 잘 공개되어 있지 않아 상당히 고생했었던 것 같다.

여기에 정리된 프로그램 로직은 옵션의 내재 변동성뿐만 아니라 콜옵션과 풋옵션의 이론 가격과 민감도를 실제 구현 가능한 프로그램이다. 파생상품을 처음 공부하는 분들은 엑셀에서 자신만의 변동성을 구현해 보는 것이 한 번 정도 필요할 것이다. 더불어 금융공학을 공부하는 학생이라면 더더욱 유용하게 사용할 경우가 많을 것이다. 저자가 오래전 공부하고 감사하게 사용한 로직을 그대로 드리니 필요한 분은 엑셀 VBA 에디터에 코딩하면 바로 사용이 가능하다. 도움되기를 바란다(엑셀 VBA를 사용하는 방법은 시중에 여러 책자로 나와 있으므로 필요하신 분은 관련 서적을 참고하면 된다).

블랙-숄즈 모형은 가장 일반적으로 사용되고 있는 모델이다. 여기서 모형을 수학적으로 증명하지는 않는다. 다음 페이지부터 이 장의 끝 페이지까지 이어지는 로직을 활용하면 거의 정확하게 옵션의 이론가격을 산출해 낼 수 있다. 또한 프로그램 안의 변수 중에서 변동성Vol을 임의로 변경해 봄으로써 옵션 가격이 어떻게 변화하는지 살펴볼 수 있을 것이다. 당연히 높은 변동성을 입력하면 옵션 가격은 상승한다.

'Black-Sholes Option Pricing Model(블랙-숄즈 모델)**—콜옵션과 풋옵션의 이론 가격을 계산하는 프로그램**

```
Function BSOpm(s As Double, x As Double, R As Double, Q As Double, vol As Double, t1 As Date, t2 As Date, CorP As String) As Double

    Dim d1 As Double
    Dim d2 As Double
    Dim tau As Double

    tau = (t2 - t1 + 0.3) / 365

    d1 = (Log(s / x) + (R - Q + vol ^ 2 / 2) * tau) / (vol * Sqr(tau))
    d2 = d1 - vol * Sqr(tau)

    Select Case UCase(CorP)
    Case "C"
        BSOpm = s * Exp(-Q * tau) * Application.NormSDist(d1) - x * Exp(-R * tau) * Application.NormSDist(d2)

    Case "P"
        BSOpm = x * Exp(-R * tau) * Application.NormSDist(-d2) - s * Exp(-Q * tau) * Application.NormSDist(-d1)

    End Select

End Function
```

```
'ImpliedVol(내재 변동성)— 옵션의 내재 변동성을 계산하는 프로그램

Function ImpliedVol(s As Double, x As Double, R As Double, Q As Double, t1 As Date, t2 As Date,
CorP As String, OptionPremium As Single) As Single

    Dim xl As Double
    Dim xm As Double
    Dim e As Double

    xl = 1
    e = 0.0001
    xm = xl - (BSOpm(s, x, R, Q, xl, t1, t2, CorP) - OptionPremium) / Vega(s, x, R, Q, xl, t1, t2)

    Do Until (Abs(xl - xm) < e)

    xl = xm
    xm = xl - (BSOpm(s, x, R, Q, xl, t1, t2, CorP) - OptionPremium) / Vega(s, x, R, Q, xl, t1, t2)

    If xl + xm < xl Then
        xl = xl - 0.0001
        xm = xl
    End If

    Loop

    ImpliedVol = xm

End Function
```

옵션의 민감도는 다음과 같은 의미를 가진다.

- 델타 = (옵션 가격의 변화) / (기준가격의 변화)
- 감마 = (델타의 변화) / (기준가격의 변화)
- 세타 = (옵션 가격의 변화) / (시간의 변화)
- 베가 = (옵션 가격의 변화) / (변동성의 변화)
- 로우 = (옵션 가격의 변화) / (이자율의 변화)

델타Delta = (옵션 가격의 변화 / 기준가격의 변화)

```
'Calculate Delta— 델타를 계산하는 프로그램

Function Delta(s As Double, x As Double, R As Double, Q As Double, vol As Double, _
t1 As Date, t2 As Date, CorP As String) As Double

    Dim d1 As Double
    Dim d2 As Double
    Dim tau As Double

    tau = (t2 - t1 + 0.3) / 365

    d1 = (Log(s / x) + (R - Q + vol ^ 2 / 2) * tau) / (vol * Sqr(tau))

    Select Case UCase(CorP)
    Case "C"
        Delta = Exp(-Q * tau) * Application.NormSDist(d1)
    Case "P"
        Delta = Exp(-Q * tau) * (Application.NormSDist(d1) - 1)

End Select

End Function
```

감마Gamma = (델타의 변화 / 기준가격의 변화)

```
'Gamma— 감마를 계산하는 프로그램

Function Gamma(s As Double, x As Double, R As Double, Q As Double, vol As Double, _
t1 As Date, t2 As Date) As Double

    Dim d1 As Double
    Dim tau As Double

    tau = (t2 - t1 + 0.3) / 365

    d1 = (Log(s / x) + (R - Q + vol ^ 2 / 2) * tau) / (vol * Sqr(tau))

    Gamma = Exp(-tau * Q) * 1 / (s * vol * Sqr(tau)) * Exp(-d1 ^ 2 / 2) / Sqr(2 * Application.Pi())

End Function
```

세타Theta = (옵션 가격의 변화 / 시간의 변화)

```
'Theta— 세타를 계산하는 프로그램

Function Theta(s As Double, x As Double, R As Double, Q As Double, vol As Double, _
                    t1 As Date, t2 As Date, CorP As String) As Double

    Dim d1 As Double
    Dim d2 As Double
    Dim tau As Double

    tau = (t2 - t1 + 0.3) / 365
    d1 = (Log(s / x) + (R - Q + vol ^ 2 / 2) * tau) / (vol * Sqr(tau))
    d2 = d1 - vol * Sqr(tau)

    Select Case UCase(CorP)
    Case "C"
        Theta = -(s * ((1 / Sqr((2 * Application.Pi()))) * Exp(-d1 ^ 2 / 2)) * vol * Exp(-tau * Q)) _
     / (2 * Sqr(tau)) + Q * s * Application.NormSDist(d1) * Exp(-tau * Q) - R * x * Exp(-tau * Q) *
Application.NormSDist(d2)
    Case "P"
        Theta = -(s * ((1 / Sqr((2 * Application.Pi()))) * Exp(-d1 ^ 2 / 2)) * vol * Exp(-tau * Q)) _
     / (2 * Sqr(tau)) - Q * s * Application.NormSDist(-d1) * Exp(-tau * Q) + R * x * Exp(-tau * Q) *
Application.NormSDist(-d2)
    Case Else
        MsgBox "Input C or P"
        Exit Function
    End Select

End Function
```

베가Vega = (옵션 가격의 변화 / 가격 변동성의 변화)

```
'Vega — 베가를 계산하는 프로그램

Function Vega(s As Double, x As Double, R As Double, Q As Double, vol As Double, _
t1 As Date, t2 As Date) As Double

    Dim d1 As Double
    Dim tau As Double

    tau = (t2 - t1 + 0.3) / 365

    d1 = (Log(s / x) + (R - Q + vol ^ 2 / 2) * tau) / (vol * Sqr(tau))
    Vega = s * Sqr(tau) * Exp(-d1 ^ 2 / 2) / Sqr(2 * Application.Pi())

End Function
```

로Rho = (옵션 가격의 변화 / 이자율의 변화)

```
'Rho — 로를 계산하는 프로그램

Function ImpliedVol(s As Double, x As Double, R As Double, Q As Double, t1 As Date, t2 As Date,
CorP As String, OptionPremium As Single) As Single

        Dim xl As Double
        Dim xm As Double
        Dim e As Double

        xl = 1
        e = 0.0001
        xm = xl - (BSOpm(s, x, R, Q, xl, t1, t2, CorP) - OptionPremium) / Vega(s, x, R, Q, xl, t1, t2)

        Do Until (Abs(xl - xm) < e)

        xl = xm
        xm = xl - (BSOpm(s, x, R, Q, xl, t1, t2, CorP) - OptionPremium) / Vega(s, x, R, Q, xl, t1, t2)

        If xl + xm < xl Then
            xl = xl - 0.0001
            xm = xl
        End If

        Loop

        ImpliedVol = xm

End Function
```

이것으로 옵션 가격을 계산하는 것부터 민감도 지표들까지 프로그램을 모두 살펴봤다.

CHAPTER 04

가치의 몰락 속에서 미래를 준비하는 법

[하나]에서 [스물]까지

이 장의 내용은 편안하게 글을 읽기를 바라는 마음으로 정리하였다. 어떤 일을 하든 누구나 본인의 일에 임하는 기본적인 자세가 있기 마련이다. 간절함이 묻어나는 마음가짐과 성실함이 있다면 모든 일에 후회는 없으리라 생각한다. 투자의 경우도 철저한 준비를 하고 최선을 다한다면 후회는 없을 것이다. 세상 일에 우연은 없다고 한다. 다가올 일이 오는 것이다.

2008년 글로벌 금융위기와 2020년 코로나 사태에서 미국은 천문학적인 규모의 양적완화를 지속하고 있다. 제로금리까지 금리를 낮추었음에도 급격한 인플레이션은 일어나지 않고 있다. 하지만 시간을 조금만 길게 생각해 보면 다르다. 여러분의 금융자산 대비 실물자산들의 가격은 10여 년 동안 급격히 올라버렸을 것이다.

화폐량이 급격히 늘어나면서 시중에 잠자고 있던 오갈 데 없는 돈들이 움직이기 시작했다. 최근 동학개미 운동이라 불릴 정도로 코스피 지수는 타 국가들 대비 가장 빠른 회복세를 보이며 상승을 지속하고 있다. 투자자 예탁금은 50조 원을 넘어서 작년의 두 배로 사상 최대치를 기록하고 있다. 사실 이미 이전부터 시장에는 자금이 잠자고 있었는데 부동산 규제 등으로 이제 갈 곳 잃은 돈들마저 증시로 밀려들기 시작한 것이다.

통화량의 유통속도가 증가할수록 인플레이션 속도는 빨라질 것이다. 그동안에는 그나마 저금리에도 은행에서 잠자는 돈들이 있어 서서히 올랐던 것이다. 이제는 금리가 물가상승률보다 못하다. 상황이 달라진 것이다.

여러분의 화폐 가치는 좀 더 빠르게 하락할 것이다. 계속 가만히 잠을 잔다면 말이다.

[하나] 수익은 부지런함의 대가이다

증권시장에 수익의 기회는 많이 있다. 하지만 중요한 진리는 부지런한 사람만이 주워담을 수 있다는 것이다. 트레이딩을 하던 때의 일이다. 하루는 딜러 한 명이 크게 화를 내는 소리가 들렸다. 내용은 이렇다. 그날 10시 30분경에 중국의 PMI 발표가 있었는데 예상치를 하회하면서 코스피 선물이 갑자기 급락하였다. 그 친구는 선물 매수 포지션을 가지고 있었고 빠른 시장 하락에 갑자기 큰 손실이 발생한 것이다. 당시 저자는 선물 포지션이 없었기 때문에 시장 하락에 별 영향이 없었다.

투자를 할 때 참고해야 할 정보와 지표는 매우 많다. 사람마다 중요시하는 지표가 있고 관심을 두는 분야와 섹터, 투자종목이 제각각이다. 증권가에서 쓰는 말 중에 "본인의 포지션은 마누라에게도 말하지 않는다"는 표현이 있다. 그만큼 금융시장, 특히 증권시장은 정글의 법칙이 철저히 지켜지는 냉혹한 시장이다.

주식투자를 하는 사람들은 매일 아침 어제 미국 시장이 어떻게 마감됐는지 확인하는 것이 매우 중요한 일과일 것이다. 또한 미국 대통령을 비롯한 세계 지도자들의 특별한 발표나 정치적인 상황들을 체크하는 것도 잊지 않는다. 물론 이런 정보들을 하나도 빠짐 없이 정리하고 살펴보는 것이 투자수익과 비례하지는 않는다. 하지만 다양하고 많은 정보는 혹시나 저지를 수 있는 실수를 줄여줄 수는 있을 것이다. 위에서 예로 든 것처럼 만약 중국 PMI 발표를 알고 있었고 예상치에 미치지 못했다는 내용을 빠르게 확인했다면 큰 손실이 발생하기 전에 포지션을 정리했을 테니 말이다.

시장은 매일 열리지만 수익이 매일 날 수는 없다. 최근 투자상품이 다양해서 정방향, 역방향, 레버리지, 변동성 투자상품 등 매우 다양하고 투자하기 편리한 상품들이 많다. 투자하기에 적합한 타이밍에 필요한 상품을 잘 선별한다면 원하는 수익률을 달성하는 데 좀 더 가까워질 수 있을 것이다. 그렇게 되려면 남보다 좀 더 부지런해야 하는 것은 어찌 보면 평범하면서 당연한 것이다.

[둘] 아는 만큼 보인다

작년부터 사모펀드, DLF, 원유 ETF 및 ETN 등 우리나라 금융상품에서 크고 작은 사건사고들이 잇따르면서 관련한 경제 관련 기사가 봇물처럼 쏟아져 나오는 것을 보았다. 그중 상당수는 먼저 나온 기사와 내용이 거의 흡사한 것이 많은데, 참고해서 쓰다 보니 정확하지 않거나 잘못된 부분을 그대로 옮겨 쓴 내용들이 많았다.

전문가가 아닌 이상 실제 금융상품을 100% 정확히 이해하고 글을 쓰기는 어렵다. 더군다나 최근의 상품 중에는 개인들이 이해하기 어려운 난해한 상품들이 많이 있다. 전문가가 아니고서는 투자 판단을 명확히 하기 어렵고 겉으로 보기에는 마치 꾸준한 수익을 안겨줄 것처럼 보이지만 자세히 살펴보면 수익의 확률은 매우 낮은데도 불구하고 전액 손실까지 가능한 리스크가 매우 큰 상품들이 많다는 것을 알 수 있다.

투자를 할 때는 내가 감내할 수 있을 정도의 리스크인지 최대한 꼼꼼히 살펴보는 것이 필요하다. 그러기 위해서는 투자하고자 하는 상품에 대해 사전에 최소한의 특징과 수익구조 등을 정확히 이해하고 투자하기 바란다. 만약 처음 소개받는 상품이라면 그 자리에서 가입하지 않아도 된다. 우선 천천히 살펴보고 내일 가입해도 큰일나지 않는다. 기본적으로 투자의 책임은 본인에게 귀속된다. 소중한 투자금을 위해서 약간의 공부는 필수이다.

저자는 유튜브를 즐겨 하지 않는다. 상업성이 너무 강하다는 느낌을 많이 받았기 때문이다. 동영상은 조회수를 목적으로 올리는 것이 많다 보니 시장에서 문제가 된 특정 금융상품을 부풀려 설명하는 듯한 동영상을 여러 개 보게 되었다.

신뢰할 수 있는 몇 개의 증권사 리서치 자료나 금융 관련 서적 등을 한두 권 비치해서 필요할 때마다 읽어보고 참고하는 것이 좋겠다. 금융상품에 대해 좀 더 많이 알게 될수록 여러분의 투자 판단은 신중해지고 좋은 상품들도 잘 보일 것이다.

[셋] 기울어진 운동장에서 이겨야 한다

최근 기술발전에 따라 핀테크 업체들이 금융시장에서 서서히 실력 발휘를 하며 부각되기 시작했다. 아니 얼마 지나지 않으면 기존의 금융 기업들을 모두 제쳐버리고 추월해 성장할 것이 확실하다. 지금까지 금융시장은 그들만의 리그였다.

얼마 전 은행에 다녀왔다. 대출이 좀 필요해서 주거래 은행 지점을 방문했다. 역시나 사람이 많았는데 기다리는 동안 빈 창구가 몇 개 보였다. 직원들은 식사를 다녀와서 그런지 커피를 마시고 개인 정비를 하는 듯이 보였고, 점심식사 시간이 정확히 끝나는 시간에 자리에 앉았다. 힘들게 약 40분을 넘게 기다려 대출 상담을 받았지만 충분치 못한 가능 금액과 대출을 받기 위한 각종 증명서와 서류 등 필요한 것들에 대한 설명만 들을 수 있었다.

급여 이체와 카드 사용 등록 등 여러 가지 서비스에 가입해야 우대 금리를 적용받을 수 있다고 설명해 주었는데, 최종 승인 책임자가 점심 식사를 가서 한 시간 정도 걸리니 기다리던지 내일 오라고 안내해 주었다. 중도상환 수수료가 1%대 중반이라는 것도 빼놓지 않고 알려주었다.

한 시간을 더 기다릴 수 없어 결국 하루의 절반을 소비하고 돌아와 이런저런 생각 중에 인터넷 전문은행 앱을 다운받았다. 혹시나 하는 마음이었는데 신분증 하나로 10분도 안 되서 바로 대출을 받을 수 있었다. 좀 더 관심을 두지 않았던 내 자신이 바보스럽다는 생각마저 들었다.

개인적으로 핀테크 기업의 성장에 도움을 주거나 받은 적이 없다고 생각했는데 이렇게 간편하게 대출이 되는 걸 보고 너무 고맙다는 생각과 함께 한편으로는 잘 성장해 가기 바라는 마음마저 들었다. 물론 다음 번에 또 필요하다면 당연히 인터넷은행을 다시 찾을 것 같다.

투자의 세계도 마찬가지이다. 금융시장에서 개인투자자에게 불리한 조건들은 무수히 많다. 투자는 규모의 경제라서 큰손들의 움직임에 따라 방향성이 결정되고, 경우에 따라서는 급등과 급락을 반복하기도 한다. 그 안에서 이루어지는 기관투자자나 외국인들이 사용하는 투자 방식은 개인이 할 수 없거나 따라하기 힘든 것이다. 한 가지 일례로 차익거래가 있는데, 리스크를 거의 가져가지 않고 몇 개의 자산을 이용해 수익을 창출하는 방법이다. 이런 투자 방식은 개인은 직접 활용하기 불가능하다.

그럼 여러 가지 투자방법 중에 기울어진 운동장에서 살아남기 위한 개인투자자들에게 적합한 투자방법은 무엇일까?

우선 주식이 기본이다. 시장에 다양한 금융상품들이 많은데 기본적으로 모든 투자상품은 주식에서 시작되었다. 주식시장과 연계되어 움직이게 되어 있다. 주식을 모르고 ELS 수익률만 보고 투자하는 우를 범하지 않기 바란다. 주식을 공부하다 보면 기타 다양한 금융상품들이 자연히 눈에 들어올 것이다.

우량주에 장기투자하는 것도 하나의 방법이다. 워런버핏의 투자 방식이라고 생각하면 된다. 우량주를 찾아내는 것은 어렵지 않다. 투자 관련 서적과 금융 관련 경제 기사와 뉴스, 칼럼, 리서치 자료 등을 꾸준히 읽어보기 바란다. 누가 알려주지 않아도 하나 둘 좋은 종목이 눈에 들어올 것이다. 또한 최근에 금융시장에는 다양한 파생상품이 거래되고 있다. 약간의 추가 지식과 노력을 기울인다면 리스크를 줄이면서 투자할 수 있는 다양한 방법이 있다는 것도 자연스럽게 알게 될 것이다.

앞서 말한 것처럼 개인투자자 입장에서 외국인과 기관투자자의 투자 방식을 따라하기는 어렵다. 또한 그렇게 할 필요도 없다. 그들만의 리그는 따로 있다. 개인투자자라면 본인에게 적합한 투자금과 기간 등 합리적인 수준에서 투기가 아닌 투자를 배워나가기를 바란다.

[넷] 사람의 욕심은 끝이 없다

투자자라면 누구나 한 번쯤 매우 좋은 기회에 매도를 하지 못해서 안타까워했던 기억이 있을 것이다. 더구나 이익의 기회를 모두 놓치고 기다리다가 손실로까지 이어진 경우라면 아픔은 이루 말할 수 없었을 것이다.

사람의 욕심은 끝이 없다. 10억이 있는 사람은 20억을 만들고 싶어한다. 하지만 그런 욕심은 때로 큰 손실로 이어진다. 투자를 하기 전에 자신만의 원칙을 확실히 세워야 한다.

초보 투자자들이 흔히 범하는 실수 중 하나는 투자를 시작한 지 얼마 안 됐으니 수업료를 낸다는 생각으로 손실을 대수롭지 않게 생각하는 것이다. 나중에 다시 벌면 된다고 생각하는데, 그런 분은 나중에 벌 확률이 그리 높지 않다. 오히려 처음부터 손실을 내지 않겠다는 마음으로 준비하고 시작해야 수익을 낼 확률이 높다.

워런버핏의 유명한 투자 명언 중 하나는 "첫째, 돈을 잃지 마라. 둘째, 첫 번째 원칙을 잊지 마라"이다.

사람의 욕심은 끝이 없다. 돈을 버는 것보다 잃지 않는 것이 더 중요할 수 있다.

[다섯] 투자에 화려한 경력은 있을 수 있어도 예술은 없다

아무나 다다를 수 없는 경지를 흔히 예술이라고 한다. 예술의 경지에까지 이르면 시간이 갈수록 빛을 발하고 가치가 높아진다. 쉽게 무너질 수 없는 신의 경지라고나 할까. 유명 작가의 오래된 미술작품 가치가 시간이 갈수록 높아지는 것처럼 말이다.

하지만 투자에서 예술은 없는 것 같다. 어제까지 쌓아놓은 화려한 경험과 투자수익이 하루아침에 모두 무너질 수도 있다.

한 지인은 집의 한 쪽 벽면에 "100억"이라고 써 붙여 놓았다고 했는데, 매일 아침 출근하기 전에 벽에 대고 정성스레 큰절을 하고 출근했다던 기억이 난다. 모든 일에 마음가짐과 정성이 필요한 것은 어디나 마찬가지일 것이다. 간절하다면 이루어진다고 했던가. 그분도 100억은 아니어도 꽤 큰돈을 벌고 은퇴했었던 것 같다. 업계에서는 나름 화려한 경력으로 마감한 것이다.

책을 읽기를 권한다. 손쉬운 동영상보다 자리 한편에 항상 참고할 수 있는 투자 관련 서적이 있다면 전쟁터에 나가는 병사가 무기를 챙기는 것과 별반 다르지 않을 것이다. 책속에 길이 있기 마련이다. 두꺼운 책 1권에서 투자를 하는 데 도움을 받을 수 있는 단 1줄의 새길 구절이 있다면 큰 수확이라고 생각한다. 책을 많이 읽지는 못하지만 어떤 책이 든 읽다 보면 참고할 만한 부분이 한두 군데 보이기 마련이다. 그것은 누가 가르쳐 주지 않을 것이고 시간이 지나면서 본인이 자연스럽게 얻게 되는 지식이다.

[여섯] 기회는 오기 마련이다

우리는 누구나 투자를 하면서 나에게도 큰 기회가 한 번쯤 찾아왔으면 하고 생각한다. 남들이 큰돈을 벌었다는 말을 들었을 땐 아쉬운 생각에 더욱 그런 마음이 들기 마련이다. 하지만 그런 기회가 사라져 더 이상 없다면 어떤 마음이 들까? 너무도 안타깝지 않겠는가.

다양한 길이 있겠으나 많은 사람이 느끼듯이 기회의 문은 점점 좁아지는 형국이다. 당연히 예전보다 경쟁이 치열하기 때문이다. 그리고 이미 지붕 위로 올라선 세력들은 아직 올라오지 못한 사람들이 사다리를 타고 지붕 위로 올라오는 걸 원치 않는다.

누군가 사다리를 걷어차기 전에 투자해야 한다. 과거에 없던 다양한 제약조건과 비용 등 투자의 세계도 점점 수익을 내기 쉽지 않게 변하고 있다. 하지만 기본적인 원칙을 지키면서 투자한다면 누구나 한 번쯤 큰 수익의 기회를 만날 수 있을 거라 확신한다.

천천히 투자해도 된다. 성공적인 투자를 해야 하기 때문이다.

누군가의 말처럼 기회는 오기 마련이다. 다만, 준비가 되어 있다면 말이다.

[일곱] 투자도 삶의 일부분이다

투자를 하는 사람들 중에 매우 스트레스를 받으며 힘들게 투자하는 사람들이 있다. 투자는 하면서 즐거워야 한다. 그리고 의미 있어야 한다. 그러기 위해서는 준비가 필요하다.

투자도 삶의 일부분이다. 저자가 아는 한 분은 투자가 잘 맞지 않는다. 가능하면 그만두라고 여러 번 조언해 주었다. 오랜 기간 동안 아무런 준비 없이 주식에 투자하면서 많은 손실을 보는 것을 보면 안타까울 따름이다. 일일이 모든 것을 가르쳐줄 수도 없다. 시장은 매일 변하기 때문이다.

투자도 삶의 일부분일 뿐이다. 우선 준비하고 즐겁게 투자하라고 말해 주고 싶다.

[여덟] 유연하지 않으면 부러지는 법

삶을 살아가다 보면 필요 없는 일에 고집을 부리는 경우가 있기 마련이다. 하지만 지나고 나면 그냥 넘겼으면 오히려 잘 풀렸을 일을 고집을 부리다가 그르치는 경우가 많다. 투자의 세계에서도 마찬가지인데 시장의 흐름에 빠르게 변화하는 유연함이 반드시 필요하다.

2008년 금융위기 때의 일이다. 당시 미국을 비롯해서 우리나라 증권시장도 폭락장을 면치 못하였다. 미국의 통화 완화 정책, 즉 유동성 공급으로 시장이 상승하기 시작하였는데 당시 함께 트레이딩을 하던 친구 두 명이 아직 기억에 남는다. 코스피 선물을 트레이딩하던 친구들이었는데 한 명은 매수 포지션을, 한 명은 매도 포지션을 잡고 소위 버티기 시작했다. 매수한 친구는 시장이 오른다 생각하고 매일 오버나잇을 하면서 계속 수익이 나기 시작했다. 내 기억에 그 친구는 한 3달쯤은 매일 놀았던 것 같다. 또 한 명은 매도 포지션을 잡았다가 손절하고, 또 매도했다가 손절하고를 3달은 했던 것 같다. 하루는 그 친구에게 매수하는 게 어떻겠느냐고 했지만 이제 빠질 거라면서 더 강하게 매도를 하다가 손실한도에 가서 멈추는 걸 봤다.

시간이 짧은 것도 아니었고, 기회가 없는 것도 아니었다. 시장은 이미 돌아선 지 오래인데 말이다. 결국 부러지고 나서 그 친구는 멈추었다.

이번에는 시장이 어디까지 오를까 궁금하다. 지금이 아니더라도 저자는 시장 하락에 투자하는 리버스 상품을 추천하고 싶지는 않다. 만약 투자했다면 유연함을 꼭 갖추기 바란다.

유연하지 않으면 부러지는 법이다.

[아홉] 천천히 가는 길이 가장 빠른 길이다

얼마 전 누군가를 만났다. 그는 최근 투자의 세계에 빠져 있었다. 주식투자를 처음 시작했는데 이런 신세계가 있는 줄 몰랐고 최근 약 두 달여 간의 코스피 상승에서 재미를 보았다고 한다. 또한 몇 년 안에 큰 돈을 벌 수 있다고 확신에 찬 듯 보였다.

일반적인 사람들은 주식투자를 모르고 살다가 상한가를 한두 번 경험하게 되면 내가 직장을 왜 다니나 또는 로또를 맞은 것 같은 착각에 빠지게 된다. 사실 최근에는 어설픈 로또로는 서울 집 한 채 사기도 어렵다.

첫 번째 투자에서 다행히 작은 성공을 거두고 나면 자신감이 넘치게 되어 강의도 찾아다니고 뉴스도 검색하며 수익을 낼 수 있는 다양한 방법을 고민하게 된다. 그러나 대부분의 소액 투자자나 개인투자자들은 한 번의 수익을 경험하게 되면 자신의 능력을 맹신하게 되고 무리수를 두게 되어 있다. 투자라는 것이 결코 쉽지 않다는 것을 알게 되고 생각했던 것만큼 빨리 성과가 나지 않게 되면 조바심을 내게 되고 주위에 돈을 벌었다는 사람들을 만나게 되면 비교가 되고 스트레스를 받게 된다.

소액의 개인투자자는 장기투자를 하기가 쉽지 않다. 필요한 시점에 내 투자 자산이 항상 평가수익일 수가 없는 것이다. 따라서 적당한 투자금액과 감당할 수 있는 손실한도, 투자기간 등 본인에게 맞는 투자 모델을 설정하고 단기보다는 장기적인 투자를 해야 한다. 그러다 보면 언젠가 원하는 목표에 다다라 있을 확률이 높다.

천천히 가는 길이 가장 빠른 길이다. 서두르다 돌아가는 것보다 말이다.

[열] 살아남는 자가 강한 자

정글에서 끝까지 살아남는 자가 강한 자이듯이 투자에서도 별반 다르지 않다. 투자금이 거의 남지 않거나 모두 소진된다면 다음은 없다.

한두 번 큰 수익이 나본 사람은 다음의 투자가 생각보다 쉬워진다는 것을 느낄 것이다. 마음의 여유가 생기기 때문이고 시간의 여유가 생기기 때문이다.

좀 더 여유를 갖는 마음과 준비된 자세가 필요하다. 어느 누구도 당신의 투자수익에 관심이 없다.

조금의 수익에 기뻐하며 술을 사고 부를 베푸는 우를 범하지 마라. 눈앞의 조그만 이익이나 손실에 흔들리지 마라.

마지막에 살아남는 자가 강한 자이다. 그 마지막은 길어진 당신 인생의 저 먼 곳이다. 앞으로도 시간은 한참 많이 남아 있다.

[열하나] 아래에서 시작해야 꼭대기까지 오를 수 있더라

얼마 전 TV에서 '서민갑부' 라는 프로그램을 보게 되었다. 그날 주인공은 나무로 만든 원목 테이블로 연매출 백억 원 이상을 달성하는 대단한 분이었다. 어릴 적 살아온 이야기를 잠깐 들려주었는데 인생역전이라고 할 수밖에 없었다. 강원도 산골의 마을에서 나무를 해서 먹고 자란 시절과 수상스키 국가대표가 되기까지 프로그램을 보는 내내 감탄사가 끊이지 않았던 것 같다.

위의 주인공도 지금 원목 테이블 사업에 성공하기까지 수많은 역경과 고난이 있었을 것이다. 그리고 그는 어릴 적 산에서 나무를 하며 생계를 이어갔다고 한다. 그리고 나무에 대한 믿음 하나로 원목 테이블까지 만들게 되었다고 한다. 그는 나무에서 시작해 결국 나무로 성공한 것이다.

투자를 전혀 안 하는 사람은 막연한 두려움을 갖고 있을 수 있다. 하지만 작은 것에서부터 시작하지 않으면 영원히 할 수 없거나 또는 너무 크게 시작하면 목표에 이르기 전에 주저앉을 수도 있다.

원하는 목표에 다다르기까지는 첫 번째 계단을 밟고 올라서야 한다. 높은 언덕의 계단을 오르듯 하나하나 필요한 과정을 채워나간다면 아마도 희망하는 목표에 다다를 수 있을 것이다.

[열둘] 행운도 실력이다

한참 트레이딩 업무를 하던 때의 일이다. 하루는 운이 좋다고 할 정도로 생각했던 것보다 괜찮은 수익을 기록했다. 옆에 있던 선배가 힘든 하루였는데 잘했다고 말해 주길래 '그냥 운이 좋았습니다' 라고 대답했다. 그러자 '운도 실력이야' 라고 했던 말이 기억난다. 사실 증권가에서는 흔히 쓰이는 말 중에 하나이다. 바로 운도 실력이라는 것이다.

실력이 없는 노력하지 않는 자에게도 행운이 찾아올까?

세상 일에 우연은 없다고 한다. 다가올 일이었기에 오는 것이라 생각해 보자. 그렇게 생각하다 보면 자연스럽게 노력하게 될 것이다. 그러면 자신도 모르게 행운이 찾아올 것이다.

[열셋] 어려움 한가운데 기회가 있다. 경험을 소중히 하라

금융투자 업계에서 오랜 기간 근무하는 동안 기업의 흥망성쇠를 수없이 많이 지켜보았다. 투자에는 항상 리스크가 따르게 되는데 지나고 바라보면 다들 가장 힘들었던 때가 최고의 매수 타이밍이었던 점 또한 부정하기 어려울 것 같다. 올해 코로나19로 시장이 크게 하락했을 때도 마찬가지인 것처럼 말이다.

경험의 소중함은 투자의 세계에서도 다르지 않다. 어떤 경험이건 소중히 여겨야 한다. 성공적인 경험이건 혹은 실패한 경험이건 말이다.

솔로몬의 지혜를 이야기할 때 나오는 다윗 왕의 절대반지에 새긴 문구를 알고 있을 것이다. "This time too shall pass away 이 또한 지나가리라." 이 문구는 두 가지 의미를 갖고 있다. 첫째는 전쟁에서 승리한 이 기쁨도 결국 지나갈 것이다. 즉, 잘 나갈 때 교만하면 안 된다는 것이고, 둘째는 앞으로 힘든 일이나 절망하는 일이 있더라도 결국 지나갈 것이므로 희망과 용기를 가지라는 뜻이다.

투자의 세계에서도 하루에 수십 번 기쁨과 절망이 교차할 수 있다. 모든 경험은 항상 소중히 여기고 어려움이 있더라도 참고 견딘다면 그 어려움도 결국 지나갈 것이다. 또한 그 한가운데 분명 기회가 있을 것이다.

[열넷] 무소의 뿔처럼 혼자서 가라

최초의 불교 경전인 숫타니파타Sutta Nipāta에 나오는 유명한 글이다.

여사자성불경[如師子聲不驚] 소리에 놀라지 않는 사자와 같이

여풍불계어망[如風不繫於網] 그물에 걸리지 않는 바람과 같이

여연화불염진[如蓮花不染塵] 흙탕물에 더럽혀지지 않는 연꽃과 같이

여서각독보행[如犀角獨步行] 무소의 뿔처럼 혼자서 가라

감히 위의 구절을 인간의 투자에 비유하려니 부끄러운 마음이 먼저 든다. 그저 각행의 의미를 견주어 마음속에 새기면 좋을 듯하다.

많은 준비 후에 이루어진 투자라면 작은 움직임이나 주위의 소란함에 쉽게 흔들리지 말고 묵묵히 부단히 홀로 정진하기를 바란다. 가끔 귀가 얇은 사람들은 주위사람들의 말들에 현혹되어 손실을 보기도 한다.

무소의 뿔처럼 혼자서 가라. 오랫동안 투자운용을 한 저자의 경험상 주위의 어설픈 추천이 도움이 되었던 적은 별로 없었던 것 같다. 필요한 것이 있다면 스스로 찾아라. 공짜 점심은 없는 것처럼 본인이 꾸준히 노력하고 정진하다 보면 이루고자 하는 곳에 한걸음 더 다가가 있을 것이다.

[열다섯] 뒤돌아보지 마라

삶을 살아가다 보면 누구나 지난 날들에 후회가 되는 일들이 수없이 많다는 것을 느끼게 된다. 물론 나이가 들수록 더 말이다.

아, 내가 10년 전에 삼성전자를 샀더라면, 그때 강남에 집을 샀더라면, 그리고 그때 어떤 주식을 팔았더라면……

비교적 낮은 가격에 산 주식을 오랜 시간을 기다려 좋은 수익을 내고 나왔다면 기다렸던 시간만큼이나 뒤돌아보지 않는다는 것이 저자의 투자 원칙이다. 종목은 수백 수천 가지 많이 있으니 이익 실현한 이후 새로운 종목에 투자하는 것이 항상 승률 높은 투자 결과로 이어졌던 경험이 많다.

금융시장에는 새롭고 다양한 상품들이 계속 출시되고 있다. 저자도 어떤 경우에는 너무 많은 상품들이 시장에 쏟아지는 것을 보며 과연 이런 상품들이 정말 개인투자자들에 필요한지 의문이 들기도 한다.

손실이 났든, 수익이 났든 뒤돌아보지 마라. 손실의 경우에는 기분만 나쁠 것이고, 수익이 났다면 좀 더 높은 수익을 낼 수도 있지 않았을까 하는 막연한 아쉬움만 남는다.

투자도 끊고 맺음이 확실해야 한다.

[열여섯] 시간의 미학

세월시간 앞에 장사 없다고 했던가.

주식투자를 하는 것은 시간을 맞추는 타이밍이다. 싸게 사서 비쌀 때 팔아야 하는 타이밍의 싸움이다.

파생상품 옵션에서는 어떤가? 시간 가치가 매일 감소해 프리미엄이 사라지게 된다. 만기가 가까워지면 세타(가격의 변화/시간의 변화)가 증가하면서 시간 가치 감소 속도는 더욱 빨라진다.

부동산 투자는 어떤가? 자고 일어나면 하루가 다르게 가격이 올라가 있다. 불과 몇 년 전에는 살 수 있었을 텐데 말이다. 이제 서울에서 월급을 모아 집을 산다는 것은 거의 불가능해졌다.

물론 경기는 싸이클을, 그리고 확장과 침체를 반복한다. 나무를 보지 말고 숲을 보라. 확장되는 싸이클에서 부를 창출해야 한다. 그렇지 않으면 침체 시기의 고통이 배가 될 수 있다.

투자는 매우 강한 '시간의 미학' 이다.

[열일곱] 사람 vs 로봇

저자는 학창시절 '마이크로마우스 미로'(생쥐처럼 생긴 작은 로봇이 가장 빠른 시간에 미로를 빠져 나오는 게임)의 최단거리를 계산하는 프로그래밍을 작성한 적이 있다. 투자에 있어서도 컴퓨터를 활용한 시스템 트레이딩으로 가장 최적의 수익을 달성하고자 자산운용을 하기도 하였다. 경험에 비추어 볼 때 분명 장단점이 있다.

사람은 누구나 나이가 든다. 나이가 들면 젊었을 때의 예리함과 민첩함이 다소 떨어진다. 반면 로봇은 정해진 규칙대로 움직인다. 로직만 훌륭하다면 좋은 성과를 계속 낼 수 있다.

하지만 경험상 꼭 그렇지만은 않다는 것을 분명히 알고 있다. 이유는 여러 가지가 있는데, 그중 가장 확실한 것은 시장은 매일 다르다는 사실이다. 로봇이 알고 있는 것은 지나온 과거 데이터일 뿐이다. 미래 데이터는 없다.

실제로 과거 함께 자산운용을 하였던 전담 시스템 트레이더 중에 장기간 수익을 내는 사람을 단 한 명도 본 적이 없다. 잠깐 수익이 나는 경우는 있었으나 시간이 지나면 직접 운용하는 사람들보다 수익이 뒤쳐지거나 전혀 수익을 내지 못하였다. 로봇은 사람이 아니다. 생각보다 단점이 많다.

개인적으로 최근 금융투자 업계의 다양한 AI 시스템이나 로보어드바이저 등을 참고 정도로 활용하는 것이 어떨까 생각한다. 로봇은 절대 손실을 책임져 주지 않는다. 손실이 나면 입력된 과거 데이터에 기반한 이유를 설명할 뿐이다. 물론 수익이 나도 그렇겠지만.

[열여덟] 인생은 초콜릿 상자 같은 것

인생은 초콜릿 상자와 같아서 무엇을 집을지 아무도 모른다Life is like a box of chocolates. You never know what you are going to get.

— 영화 [포레스트 검프] 중에서

영화를 많이 보지 못하는데 이 영화를 보고 크게 감동받았던 기억이 난다. 영화 중간의 한 장면에서 나오는 대사처럼 인생은 정말 초콜릿 상자처럼 어떤 일이 일어날지 예상하기 어렵다. 여기서 투자에 있어서 어떤 종목을 골라 성공하게 될지 모른다는 이야기를 하고픈 것은 아니다.

내가 이 책을 쓰게 될 것으로 생각하지 못했다. 또한 피곤한 저녁 처음으로 워드를 타이핑하기 시작했을 때, 무더운 여름 토요일 오후 도서관에서 글을 쓰는 동안 책이 실제로 출간되리라 생각지도 못했다. 마지막으로 저자가 정성스럽게 작성한 기획안을 출판사에 보냈을 때 곧바로 연락이 올 거라 전혀 예상하지 못했다. 부족한 기획안을 보고 망설임 없이 출간을 결정해 주신 출판사분들께 진심으로 감사드린다.

인생은 초콜릿 상자 같은 것이다. 어떤 일이 일어날지 모른다. 투자에 있어서도 말이다.

[열아홉] 가치의 몰락

수요가 많으면 가치는 올라가고, 공급이 많으면 가치는 떨어진다. 우리는 열심히 일해서 돈을 벌고 집을 사고 미래를 준비하고 있다. 하지만 시간이 지나고 보면 당신이 번 돈보다 세상의 모든 물건들이 너무 비싸져 있을 것이다. 인플레이션을 당연하게 인식하고 여러분의 노동력이 착취된다는 것을 알지 못하고 지나온 것이다.

화폐에 가치를 부여하는 것은 화폐를 필요로 하는 수요이다. 잘 알고 있는 원유는 대부분의 결제가 달러로 이루어지며 전 세계로 100여 년 동안 공급되어져 왔다. 또한 금융시장에서는 각종 복잡한 파생상품들이 생겨나고 있으며, 넘치는 화폐가 금융상품 쪽으로 수요를 만들어내고 있다.

공급이 많으면 값은 떨어지게 되어 있다. 더구나 무한정으로 발행하고 있으니 말이다. 값이 안 떨어지게 하려면 상대되는 상품의 가치를 더 떨어뜨리면 된다. 시장은 냉혹하기 때문이다. 우리는 그것도 모른채 여지껏 열심히 일만 하고 있었던 것이다.

자본주의의 시작을 말할 때 16세기 유럽을 그 출발점으로 간주하기도 한다. 당시 유럽은 물가가 4배 가까이 급등하는 소위 '가격혁명'

이 발생하였다. 이는 미국으로부터 대량의 금과 은이 유입되면서 화폐 가치가 하락한 때문이었다. 당시 임금 노동자나 지대 등 고정된 화폐 수입을 기반으로 하는 봉건지주들은 몰락한 반면, 수공업이나 자영업 등 상공업에 종사하는 이들은 자산가치 상승으로 부를 증대시킬 수 있었다.

돈의 가치는 계속 떨어질 것이다. 몰락할 것이다. 그동안 오랜 역사에서 보여주었듯이 말이다. 미래에 당신은 열심히 일하면서도 남는 것이 별로 없다는 것을 너무 늦게 알게 될지 모른다.

시간이 지나도 가치를 부여할 수 있는, 몰락하지 않는 것을 찾는다면 당신은 성공한 투자자가 될 것이다.

[스물] Short cash, Long something!

헤지펀드에서 사용하는 대표적인 투자전략 중 하나는 롱숏 전략이다. 두 가지 자산 중 하나는 사고 하나는 파는 것이다. 당연히 미래에 가격이 오를 것을 사고 반대로 가격이 하락할 것을 팔 수 있다면 시간이 지나면 큰돈을 벌 수 있을 것이다.

지금 현금을 갖고 있는 것이 좋을까? 아니면 다른 어떤 것을 사서 갖고 있는 것이 좋을까?

다시 말해 현금을 버리고Short cash, 어떤 것을 사야Long something! 할지 고민해야 할 때이다.

에필로그

이 책을 쓴 일 년 남짓 기간 동안 금융시장에는 여지없이 크고 작은 사건들이 계속되었다. 그때마다 투자하는 분들이 조금이나마 이 책을 읽고 도움을 받기를 희망하며 지칠 때마다 힘을 내어 책을 마무리하였다.

여기서 살펴본 역사적인 사건들과 여러 금융상품에 대한 분석은 저자의 오랜 금융업 경험과 노하우를 바탕으로 정리한 것이다. 혹시 부족한 부분이나 이해를 달리한 부분이 있다면 메일로 의견을 보내주면 고려 후 수정하도록 하겠다.

마지막으로 이 책이 나오기까지 아낌 없는 조언과 격려를 해주신 모든 분들께 진심으로 감사드린다.

2020년 10월 토요일 늦은 오후 K도서관에서

Neo Kim
(neokim_21@naver.com)

[참고문헌]

정운찬 · 김홍범, 『화폐와 금융시장』, 제5판, 율곡출판사, 2018.

프랭클링 D. 루스벨트(조원영 옮김), 『프랭클린 루스벨트의 온 아워 웨이』, 에쎄, 2009.

홍익희, 『월가 이야기』, 한스미디어, 2014.

홍익희, 『달러 이야기』, 한스미디어, 2015.

루안총샤오(정영선 옮김), 『(39가지 사건으로 보는) 금의 역사』, 평단, 2019.

쑹훙빈, 『화폐전쟁 1』, 랜덤하우스, 2014.

정필모, 『달러의 역설』, 21세기북스, 2015.

벤 S. 버냉키(김홍범 · 나원준 옮김), 『벤 버냉키, 연방준비제도와 금융위기를 말하다』, 미지북스, 2014.

김부일, 『돈, 금, 달러 이야기』, 한스미디어, 2014.

샹용이 · 비얼리(차혜정 옮김), 『달러 쇼크』, 프롬북스, 2010.

데이비드 파커(박윤덕 옮김), 『혁명의 탄생』, 교양인, 2009.

알렉산드로 마르쵸 마뇨(김희정 옮김), 『돈의 발명』, 책세상, 2015.

로저 로웬스타인(이승욱 옮김), 『천재들의 실패』, 한국경제신문, 2009.

John C. Hull(윤평식 · 김철중 옮김), 『파생상품의 평가와 헷징 전략』, 탐진, 2010.

홍춘욱, 『(50대 사건으로 보는) 돈의 역사』, 로크미디어, 2019.

투자를 배우다
— 가치의 몰락

초판 1쇄 인쇄 2020년 12월 8일
초판 1쇄 발행 2020년 12월 15일

지은이 **NEO KIM**
펴낸이 박기남
펴낸곳 **율곡출판사**
08590 서울시 금천구 가산디지털1로 84(에이스하이엔드 8차), 803호
전화 (代) 02) 718-9872/3
팩스 02) 718-9874
home-page www.yulgokbooks.co.kr
e-mail yulgokbook@naver.com
등록 1989.11.10. 제2014-000031호
ISBN 979-11-87897-99-6 03320

정가 18,000원